生活·讀書·新知 三联书店

许倬云 著

程农 张鸣 译
邓正来 校

汉代农业

天下帝国经济与政治体系的生成

Simplified Chinese Copyright © 2024 by SDX Joint Publishing Company.
All Rights Reserved.

本作品简体中文版权由生活·读书·新知三联书店所有。
未经许可，不得翻印。

本书单行本由江苏人民出版社出版并授权"许倬云学术著作集"丛书使用。

图书在版编目（CIP）数据

汉代农业：天下帝国经济与政治体系的生成 / 许倬云著；程农，张鸣译. —北京：生活·读书·新知三联书店，2024.8（2024.9重印）
（许倬云学术著作集）
ISBN 978-7-108-07822-3

Ⅰ.①汉… Ⅱ.①许… ②程… ③张… Ⅲ.①农业史－研究－中国－汉代 Ⅳ.① F329.034

中国国家版本馆 CIP 数据核字 (2024) 第 072184 号

策划编辑	张　龙
责任编辑	李静韬
装帧设计	康　健
责任校对	曹忠苓
责任印制	董　欢
出版发行	生活·讀書·新知 三联书店
	（北京市东城区美术馆东街22号 100010）
网　　址	www.sdxjpc.com
经　　销	新华书店
印　　刷	北京隆昌伟业印刷有限公司
版　　次	2024年8月北京第1版
	2024年9月北京第2次印刷
开　　本	880毫米×1230毫米　1/32　印张 7.75
字　　数	154千字
印　　数	6,001－9,000册
定　　价	70.00元

（印装查询：01064002715；邮购查询：01084010542）

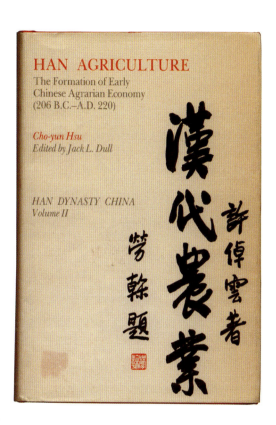

《汉代农业》

1980 年,华盛顿大学出版社,英文精装本

《许倬云学术著作集》总序

这套"著作集",乃是我在芝加哥大学考过学位以后,至今六十余年,在专业的岗位上累积的成果。此外,另有一些专题的有关论文,分别刊登于《历史语言研究所集刊》《文史哲学报》等专业期刊;此番整理成集,则是将上述单篇论文分门别类,汇集成帙,供读者参考。

这套由生活·读书·新知三联书店出版的"著作集"中,从《西周史》、《形塑中国》到《汉代农业》这三本书,虽然成书之序有先后,而在我心目之中,却是这三本著作联结为一,叙述古代中国自西周建立封建制度以来,经过春秋、战国列国并存的阶段,终于经过秦、汉而实现大一统。这一进程,先聚后散,然后又再行拼合,俨然成为东亚的大帝国。

在此阶段的中国,政制统一,乃是皇权专制。而《汉代农业》陈述了整个过程中经济因素的成分及其融合。最终,中国发展出世界上最早的"精耕细作式农业",终将农舍工业与农业的收获相结合，凝聚为以农业产品为商品的交换经济。这是经济、社会两方面的整合，与皇权专制互相配合，进而熔铸为一个巨大的共同体。

只有经由如此的整合，中国这一皇权制度最后才得以凝聚为具体的"生活共同体"。如此生活共同体，才足以支撑理念上的"文化共同体"。二者之间，又以文官制度的管理机制作为骨干。

在世界史上，这三本书所代表的形态，并未见于其他地区大国发展的历程中。因此，我愿意提醒读者：中国凝聚得如此彻底，与其说是因为其政治体制的整合作用，毋宁说，奠基于经济代表的"生活方式"与文化代表的"思想形态"，才使得"中国"二字凝聚之坚实，远远超越民族主义和文化共同性，成为独特的国家单位。

在撰著前述三本书的过程中，我的主要论点不仅是思考专题内部之逻辑，而且体认了，"中国"之形成在人类历史上，自有其独特的过程。

至于其他三本拙著，《水击三千》、《熔铸华夏》以及《我者与他者》，其主要论点也无非努力澄清上述巨大"共同体"的形塑过程，以及各个构成单元之间的互相依存。前三本拙著侧重于时间轴线上的进程；而后三本拙著则着力在平面发展上的"互联性"。

若将六本拙著合而言之，其整体关怀则是中国的"天人感应"及生活上的心灵与环境之互动；又将如此庞大的共同体，设法安置于这一广宇长宙的多向空间,以体现人与自然之间的互相感应;同时也提醒国人,时时不要忘记——单一的"人"与"人间",以及集体的"群"与"群间",都是互动、互依、互靠的。于是,这上亿的人群,不仅是生活在庞大的共同体之内,更需在天地之间对自己有所安顿。"天",这一特殊的"大自然",在中国人心目中的地位,就不是一种宗教信仰,而是令"人间"在"自然"中的地位,有了确实的定位及与之互动的合理性。

我自己感觉,中国人的生活,从来就不愿意以"人事"制服"天然"。此中合理性,并不是出于对神明的敬畏,而是"天人之际",是人对于自然的亲近和尊重。这一着重处,其实与最近半个世纪以来世界各处开始认真注意环保以及宇宙之间的平衡,包括对于自然的尊重,乃是一致的。因此,以中国文化中素有的如此自觉,与西方世界开始具有的认识相互对照,两者之间确是应当互通,而且彼此阐发,使地球上的人能够真正长存于天地之间。

以上,是我向读者们提出的一些自白。希望读者阅读拙著,能够理解我的用心:我并非只做学术研究,而是希望为己为人陈述一个"中国方式的安身立命";更盼望中国传统的"个体"与"群体"的紧密关系,亦即"天人"的合一与"群己"的合一,能够与世界应当走入的途径,彼此一致,互相启发。

区区自白,不仅是指明叙述的方向,也是盼望我自己的一些观念得到读者们的同情。

2023 年 10 月 10 日

辛亥革命周年，许倬云序于匹兹堡

2024 年 4 月 1 日，改订于匹城寓所

《许倬云学术著作集》出版说明

许倬云先生拥有长达七十年的学术生涯,著作等身,且其著作卷帙浩繁、版本众多。2022年起,经生活·读书·新知三联书店(以下简称"三联书店")多方协调,这套六卷本《许倬云学术著作集》得以成编,是为先生学术面向之首度总结。谨按时间先后顺序,将相关版本情况交代如下。

《形塑中国:春秋、战国间的文化聚合》是作者的芝加哥大学博士毕业论文,其导师为汉学大家顾立雅(Herrlee Glessner Creel,1905—1994)。英文版 *Ancient China in Transition: An Analysis of Social Mobility, 722-222B. C.*,1965年由斯坦福大学出版,1968年再版;2006年,简体中文版《中国古代社会史论:春秋战国时期的社会流动》由广西师范大学出版社首度刊行。此次新译本定名为《形塑中国:春秋、战国间的文化聚合》,由中国社会科学院古代史研究所杨博博士于2022年冬,据芝加哥大学图书馆Ellen Bryan所提供的1962年论文原件翻译。相较斯坦福大学1965年英文版及2006年据此翻译的中文版,更为真实地恢复、还原了论文本有的行文特色。

《汉代农业:天下帝国经济与政治体系的生成》的英文版 *Han Agriculture: The Formation of Early Chinese Agrarian Economy, 206 B. C.-A. D. 220*,1980年由华盛顿大学出版社出版。1998年,简体中文版《汉代农业:早期中国农业经济的形成》被纳入"海外中国研究丛书",由江苏人民出版社出版,后分别于2012年、2019年再版;2005年,《汉代农业:中国农业经济的起源及特性》由广西师范大学出版社刊行。以上两个译本颇有分歧。此度收入本丛书,以江苏人民出版社授权之译本为底本,作者对译稿进行了一定程度的修订。

《水击三千:中国社会与文化的整合》,是作者有关"古代中国社会转型的各个转折点"之学术论文的合集。繁体中文版名为《求古编》,1982年由台北联经出版事业有限公司(以下简称"联经")出版,1984年、1989年、2022年再版;简体中文版2006年由新星出版社首度出版,2014年由商务印书馆再版。此番收入本丛书,以商务印书馆2014年版为底本,并重拟书名及全书篇目次序,删除与主旨"周、秦、汉中国社会与文化的整合"无关之篇目,以期集中呈现作者对于这一课题之省察。

《西周史:中国古代理念的开始》的繁体中文版《西周史》,1984年由台北联经首度刊行;英文版 *Western Chou Civilization*

1988年由耶鲁大学出版社出版。此后，相关版本情况如下：二版（1986年，台北，联经），修订三版（1990年，台北，联经），修订三版（1993年，北京，三联书店），增订本（1994年，北京，三联书店），增补本（2001年，北京，三联书店），增补二版（2012年、2018年，北京，三联书店），增补新版（2020年，台北，联经）。此度收入本丛书，以三联书店2018年"增补二版"为底本，对文本细节进行了若干处校订。

《熔铸华夏：中国古代文化的特质》是1985年至1987年，作者在台湾有关中国文化系列讲稿之合集。尤其上篇《社会与国家》的探讨，从文化发展、国家形态、思想方式、农业经济等方面，从文化比较的视角对"古代中国社会转型"所做专题论述，可谓其这一阶段学术思想之纲要，也是理解其古史研究及文化比较研究之门径。本书繁体中文版《中国古代文化的特质》1988年由台北联经出版，1992年、2021年再版；简体中文版2006年由新星出版社首度出版，2013年、2016年分别由北京大学出版社、鹭江出版社再版。此番收入本丛书，以联经2021年版为底本，删除下篇《科学与工艺》四讲，补入前述《求古编》中删除之若干相关篇目，汇集为下篇《传统中国与社会》，并改订书名为《熔铸华夏：中国古代文化的特质》，以期更为集中呈现作者对于"古代中国社会转型"之思考。

《我者与他者：中国历史上的内外分际》是以2007年作者任香港中文大学首届"余英时先生历史讲座教授"期间所做演讲——《古代中国文化核心地区的形成》——之文稿整

理、增补而成,可视为《说中国》及《经纬华夏》之先声。本书繁体中文版2008年由香港中文大学出版社出版,2009年由时报文化出版事业有限公司于台北发行繁体中文版;简体中文版2010年由北京三联书店首度刊行,2015年再版。此番收入本丛书,以三联书店2015年版为底本,增补了若干插图。

至于本丛书书目中各书之先后次序,则依其"内在关联性"排列。作为编者,谨此说明。

2023年10月10日初稿

2024年4月1日,冯俊文改订于匹兹堡

目 录

导　论　1

第一章　政府的农业经济政策　16

　　农业和人民　16

　　对土地占有的限制　23

　　非经济措施　26

　　人口的迁徙和转移　31

　　政府公地的开发　34

　　小　结　41

第二章　土地，最有价值的资源　43

　　工商活动的发展　43

　　对工商活动的限制　46

　　国家打击豪强　53

　　皇帝宠臣与权贵　58

　　地方权贵　63

地主制度的发展　68

结　论　72

第三章　农民的生计　74

地　主　74

佃农和其他农业劳动力　81

自耕农和小规模农作　85

农户的支出　87

第四章　农业资源　107

农作物　107

土壤及其改良　119

水利灌溉　128

第五章　耕作方式与方法　141

农作规模　141

一年多熟的体系　143

新耕作模式——代田　145

新的耕作方法——区种　150

水田耕作　152

农　具　156

小　结　161

第六章　农作之外的选择　164

Z活动　164

生产与市场销售　169

移　民　174

  屯　田　178
  农民起义　181
  小　结　186
结　论　188
参考文献　197
  中文著作　197
  日文著作　205
  西文著作　207
索　引　211
译后附言　235

导　论

　　本卷研究的是汉代（前206—220）农业的发展。由于中国在秦代实现过短暂的大一统，在汉代才得到巩固，而中国文明的发展方向似乎也是在汉代确定下来的，因此对于我们来说，通过研究汉代农业来考察中国历史呈现的基本现象之一——悠久的农业文明，具有很重要的意义。中国人好像一旦踏上了农耕之路，就再也没有背离。进步和变革时有发生，但是农业在中国人的生活方式中始终保持着至高无上的地位。不过，中国的发展定向于斯也并非一种历史的定数。在公元前5世纪到3世纪的动乱年代中，始终存在着一种强大的可能性：即发展一种占主导地位的、以城市为中心的经济生活，而非以农村为基础的经济。当时，庞大繁华的市场中心四处可见，赚钱盈利和契约互惠的市井心态也盛极一时，这两种情况都是商业繁荣的沃土。[1]甚至在汉朝最初的一百年中，帝国政权也一直是在和颇具影响力的城市首领们进行斗争，这些人具有社会实力，对政治权威形成了威胁。[2]

我的意图正是找出两汉时期，促使中国转变为农业经济的一些关键因素。因此，我们有必要回顾一下汉以前，即战国时期的农业。

铁制工具的广泛应用，在战国时期的发展中具有重要的意义。近年来，通过对古代聚居地和墓葬的挖掘，出土了大量的铁制工具，还在铁匠作坊的遗址中发现了用于铁器铸造的模具。这些器具的外形在不同的地区差别不大，虽然被冠以各种各样的名称，但是从大类上讲，它们分别属于锹、锄、镰、犁、刀、斧和凿等。这些工具的形状和大小，表明了它们在不同耕作阶段中的用途。考古报告中记载的锹和锄的数目，揭示出除草和松整土地大概占去了农民从播种到收获之间的大部分时间。换句话说，战国时期的铁制工具是农业精耕细作已经开始的证据：铁制的斧子和凿子在伐木造田中是非常有用的；铁制的犁铧可能意味着畜力牵引耕作已经开始，这从使用挖掘工具的手工耕作向前迈进了一大步。尽管铁制工具比木制、石制或贝制工具更锋利，也更结实，但战国时期的铁制工具都是用

---

[1] 许倬云：*Ancient China in Transition*. Standford, Calif: Standford University Press, 1965, 页116—123、134—138。
[2] 许倬云：《西汉地方社会与中央政治权力之关系的演变》，《社会与历史比较研究》，第7卷第4期（1965），页385以次。

模具铸造的，相对来说还是比较小、比较轻。在辉县发现的犁铧，是在木制犁身上安装的一个"V"字形的小铁片。由于没有隆脊，又是钝角形状，这种专门作为木犁切割刃使用的犁铧，不可能进行深耕。因此，尽管战国时期的农耕是精耕细作的，而且很可能利用了畜力，但是与汉代的农业相比，它所达到的水平还是较低。[1]

战国时期曾修建一些灌溉系统，有一些规模还相当大。不过相比于秦汉时期的灌溉及治水工程，它们还是小型的；而且只见于渭河、漳河与山西诸河流域，以及淮河流域中的一小部分。例如，在黄河流域东部，最早的规模较大的灌溉系统是天井堰（约修建于公元前5世纪末），它覆盖的不过是沿漳河20里的区域。由郑国的一位工匠在秦国主持修建的郑国渠，规模是天井堰的十倍多。然而，汉代于公元前95年在泾渭流域修建的水利工程白渠，长度却达到了200多里。[2] 大型水利工程的普遍兴建，到秦汉时期才开始出现，在汉代尤其有重要的发展。汉代的这些努力导致可耕地的扩展，木村正雄将之称为"次级农田"（secondary farming land）的形成，认为这是与古

---

[1] 黄展岳：《近年出土的战国两汉铁器》，《考古学报》，1957，第3期。参见许倬云《两周农作与技术》，《历史语言研究所集刊》，第42卷第4部分（1971），页809以次。

[2] 友于：《管子度地篇探微》，《农史研究集刊》，第一册：页1—3。中国古代的"里"相当于1364.1英尺，孙念礼（Nancy Lee Swann）：《古代中国的食物与货币》（编译自《汉书·食货志》——编注），页362。

代帝国形成有关的条件。[1]正如考古证据所表明的,汉代以前的农用水源,较多来自田地附近的池塘和水井,而不是来自大规模的灌溉系统。[2]不过,应当注意的是,尽管战国时期的水利成就无论在规模上还是范围上都不如汉代,但它确实为汉代水利工程的发展开辟了道路。

汉以前人们主要的谷类食物是稷、黍、麦和稻。稷和黍都是中国土生土长的作物,自新石器时代以来,它们一直是中国人的主要食物。只是到了战国时期,麦和粟才获得了主要作物的地位。豆类也是在这一时期成为流行作物,在山区尤其重要。稻米则仅限于南方,特别是长江流域,那里多沼泽的地形为人们提供了水源充足的天然稻田。[3]因此,在中国北方,也就是当时"中国"所指的范围,所有主要的作物都是旱作物,水利对于它们不像对于种植水稻那样重要。[4]

在战国时期,人们逐渐认识到几项农作原则,它们在此对中国农业的精耕细作也一直具有指导意义。其中的一条就是重视农时。正如孟子论述的那样,儒家学说里的理想政府,是绝不会妨碍人们适时耕种的。孟子认为,在农田中的及时行动,要胜于拥有利器良具。他一再指出,如果在耕种百亩之田时不误农时,一个八口之家就不会有饿饭之虞,一个国家也能得到

---

[1] 木村正雄:《中国古代帝国的形成——尤其是成立的基础条件》,页146以次。
[2] 许倬云:《两周农作与技术》,页815—816。
[3] 同上书,页803—808。另见天野元之助《中国农业史研究》,页3—100。
[4] 何炳棣:《东方的摇篮》,页45—60。

超出消费需要的充足的粮食。荀子在很多方面都激烈地批评孟子，但他对于不误农时的重要性却没有异议。荀子说，如果在春耕、夏锄、秋收、冬贮时不误农时，那么就会五谷丰登。[1]在中国北方，霜冻来得早，春季时水分又蒸发得很快，人们确实不得不抓紧农时迅速行动，以便让农作物有更充足的生长时间。

古人还强调深耕的必要性。当然我们应当明白，不能用现代的标准去衡量古代的深耕。中文"深耕"这个短语的更为合适的英译可能是 deep tilling。在古代的文献中，深耕这个词后面往往还跟着"细作"，它的意思是"通过打碎土块和铲除杂草而彻底地整治土地"。在中国北方，只有将土地的表层在翻耕之后打碎成可以覆盖耕地地表的细小颗粒，干燥的黄土地才不会很快失去水分。同时，种子深播于土壤里，就可以吸收来自地下水的水分，得到矿物质和有机质的滋养。[2]田间作业在整个作物生长期内都在持续不断地进行，包括铲除杂草、翻松土地、给作物培土，以及加深畦间平浅的排水沟等。这种工作需要农民全身心的关注，中国农民在这上面付出的劳动和时间，超过了播前备耕和收获时所需劳动和时间的总和。在出土的各种战国时期的工具中，锹和锄在数量上最多，这有力地说

---

[1] 潘鸿声、杨超伯：《战国时代的六国农业生产》，《农史研究集刊》，2：58。孟子和荀子的话引自理雅各（James Legge）译《中国经典》，2：130—131、135—136、183，及《荀子》，四部备要版，5：8。

[2] 潘鸿声、杨超伯：《战国时代的六国农业生产》，页58—59。参见何炳棣《黄土与中国农业的起源》，《美国历史评论》，第75卷第1期（1969），页1以次。

明，使用锹和锄进行土地修整是当时农业中最为重要的部分。

在战国时期，肥料的使用非常普遍。很可能早在商代，动物和人的粪便就成了最常用的肥料，当时指称肥料的文字恰好就是表示粪便的文字。孟子曾说，一块百亩之田，如果施以粪肥，并由能干的农夫耕作，就足以养活九口人；但如果遇到自然灾害，即使施肥也无法产出足够的粮食。荀子和韩非解说过《老子》中一段涉及马粪的话，这段话是在讨论粪肥利用和农田灌溉时讲的，而施肥和灌溉都可以促进农业生产，增加财富。[1]

早在《诗经》的时代，人们就向神祈求摆脱蝗灾和其他虫害。但《诗经》里这首求祷的诗中还提到了火，因此很可能人们是将害虫捕捉到一起，用火烧死，或者是在耕种土地前放火烧田除虫。[2] 多少世纪以来，中国农民在进行农田整治以灭除虫害时，所依靠的完全是自己的双手。

《吕氏春秋》是一部百科全书式的著作，由秦国的相国吕不韦召集众多学者编纂而成，其中的《任地》《辨土》和《审时》三篇，很好地概括了战国时期的农业生产。这三篇文章的作者可能都是些对农事并无第一手经验的文士，因为文章中提供的情况有些支离破碎。不过，这种知识也很可能是代表了当时最为成熟的技术，因此甚至理论家也将它们确定为基本的农业原则。这三篇文章的文本非常简短，一些部分多有讹误，

---

[1] 潘鸿声、杨超伯：《战国时代的六国农业生产》，页59—60。引文见理雅各译《中国经典》，2：376、241；《荀子》，6：2；《韩非子》，四部备要版，6：7。
[2]《毛诗正义》，四部备要版，14A：9b—10a。

需要古籍学者和农业史学家做出大量努力,以恢复它们的原意。[1]

《任地》开篇假托传说中开创了农业的文化英雄后稷之口,提出了十个问题:"子能以窐为突乎?子能藏其恶而揖之以阴乎?子能使吾土靖而甽浴土乎?子能使保湿安地而处乎?子能使菫夷毋淫乎?子能使子之野尽为冷风乎?子能使藁数节而茎坚乎?子能使穗大而坚均乎?子能使粟圜而薄糠乎?子能使米多沃而食之强乎?"[2]这些问题揭示了战国末期的农民所关注的主要问题,从土地整治、田间作业、庄稼种植、水分保持,一直到农作物的水源供给。但是最佳的庄稼长势仍得依赖适时的行动。因此,《审时》全篇都是讨论"适时"生长的庄稼与非适时生长的庄稼之间,在生物形态上的差异。文章中涉及的作物有粟、稻、黍、麻、豆和麦。概括地说,《审时》这篇文章指出了适时种植的庄稼,要比过早或过迟种植的庄稼有更多的收成。抓住了农时的农民相比于耽误了农时的农民,可以生产出更多的粮食;而且这些粮食分量更重,味道更好,营养也更丰富。文章对六种农作物的变异情况进行了简洁的描述,指出过早播种的庄稼容易只长枝叶,不长果实;而播种过迟则使果

---

[1] 在这方面最杰出的学者包括尹仲容、王叔岷、万国鼎、夏纬瑛、大岛利一等。参见尹仲容《吕氏春秋校释》;王叔岷《吕氏春秋校补》;万国鼎等《吕氏春秋中的耕作原理》,载《中国农学史》,第四章,及《吕氏春秋的性质及其在农学史上的价值》,《农史研究集刊》,2:175—184;大岛利一《从吕氏春秋农业四篇中所见到的农业技术》,《史林》,49,第1期(1966),页57以次。
[2] 尹仲容:《吕氏春秋校释》,页161。万国鼎等:《吕氏春秋中的耕作原理》,页89。

实缺乏充分的生长时间。[1]

《任地》与《辨土》这两篇文章在很多方面是互为补充的，它们所讨论的问题大致是土地的治理和土质的改良。《任地》在提出十个问题之后，紧接着就认为农民事实上可以改变田地的状态，为农作物提供更好的土地。"凡耕之大方：力者欲柔，柔者欲力；息者欲劳，劳者欲息；棘者欲肥，肥者欲棘；急者欲缓，缓者欲急；湿者欲燥，燥者欲湿"。[2]当然，这些原则主要涉及的是土壤的改良。施肥是改良土壤的一种手段，《任地》中说得很明白：将粪与水同时施用，可以使农地变得肥沃。但仅仅这样尚不足以得到理想的地况，还要进行效用广泛的田间管理，而经常性的翻耕也可促进土地的肥沃和松软。认真地进行五遍翻耕和五遍锄草整治，可以使农作物的根深深植入下面湿润的土壤里，并避免长草和虫害问题，因为深层土壤通常能避免这两种东西。坚硬、黏质的土壤的水分较难保存，必须优先耕种。[3]这类农活事实上要求人们在种子下播之前，就得付出大量劳力。

《辨土》的作者警告说，原本会有的好收成可能因三种情况而被毁掉：（1）农作物安排无序，挤在一起，相互妨碍生长；（2）垄沟占地多于庄稼占地，造成农地的浪费；（3）放任

---

[1] 尹仲容：《吕氏春秋校释》，页164—165。
[2] 同上书，页161。
[3] 原文（尹仲容：《吕氏春秋校释》，页162）讹误严重，这里理解是依据万国鼎等的诠释：《吕氏春秋中的耕作原理》，页95。

杂草掠抢地肥。作者建议，庄稼应一排排平行地种植，每排之间相隔一尺。如果农田地势高而且干燥，庄稼就应种在垄沟中，从而可以受到两边垄脊的保护，并吸收垄沟底部的水分。如果农地低洼潮湿，庄稼则应种在垄沟之间的垄脊上，以防止水分过多。除了因地制宜之外，保持良好的通风和充足的生长空间也都是对农作物有好处的。这篇文章还有一个提示，即好的收成取决于农作物的合理密度。如果三棵以上的庄稼长为一簇，就应将较弱小的连根拔除，以使较强壮的庄稼有更多的空间和养料。[1]

当然，很难断言在战国时期，这种先进的农业耕作是否已经普及。不过，撰写这些文章的学者却是从真实的实践中抽象出自己的理论的。

所有这些论述农业技术的文章都表明，战国时期的农业正在朝着精耕细作的方向发展；而中国的农民直到今日，仍在继续发展着这种集约式的农耕。这种精耕细作，即使是在战国时期相对初级的农业水平上，也需要巨大的劳动力投入。诸如《孟子》和《荀子》这样的古代文献，都假定一家农户的标准土地拥有量应是100亩（4.764英亩）。[2]一家农户则被假定有年迈的父母、一对夫妻和四个孩子，即一家八口人。这样一个农户要种植自用的全部蔬菜，饲养提供食用肉类的禽猪，纺织

---

[1] 尹仲容：《吕氏春秋校释》，页162—163。
[2] 孙念礼：《古代中国的食物与货币》，页361。

家庭所需要的丝绸（以及或许更重要的麻布）。孟子在其所倡扬的井田制理想中，设想了一种基本的农业共同体。共同体由8家农户组成，每个农户可以从君王那里领受100亩农田，另外还有5亩的土地用来居住和植桑养畜。这8户人家要共同耕种保留给领主的另外100亩土地，算作徭役。[1]这种理想化的土地制度，一方面体现了孟子的均平乌托邦思想；另一方面反映了古代中国封建制的一个基本原则，即土地是恩赐的特权，而劳役则是一种偿报形式。[2]其中最值得我们注意的，是那种在规模不超过主干家庭的小农户内部进行小型农作的图景。这种制度显然已相当不同于西周时期的典籍《诗经》中描述的那种农奴制——农奴们虽然也和自己的家庭生活在一起，但他们是从领主那里获取包括衣服或许还有食物在内的生活物品的。他们在领主代理人的监督下，成百上千地一起结队耕种主人的土地，种出的粮食也都进了主人的粮仓。[3]如果西周时的情况确是如此，那么当时的封建领主可能还在扮演着军事殖民者和征服者的角色，以各地居民为农奴，以征敛的粮食作为自己的收

---

[1] 理雅各译：《中国经典》，2：244—245。
[2] 许倬云：*Ancient China in Transition*，页195—196。
[3] 同上书，页8—14。白川静：《诗经中的农事诗》，《立命馆文学》，1，第138期（1956），页18—45。

入；当然，其中的一部分要归入更高一级领主的粮仓。[1]到了战国时期，封建制的国家被君主制的领土国家取而代之。随着封建社会解体，封建领主无法再拥有采邑和农奴，独立的农民便开始出现了。导致独立农民出现的因素不止一端，其中包括使用铁器工具开垦荒地，以及旧式封建贵族在国内和列国之间权力斗争中的衰落等。在新的君主制国家中，君主成了所有属民之上的唯一主人，无论他们是官宦还是农民。[2]

在战国时期，独立的农民摆脱了封建贵族，但是却没有脱离国家的控制。当孟子建议理想的井田制方案时，他似乎视为当然前提的是，国家拥有合法的权威和权力去改变民有土地的大小，并将这些土地分成均等的地块。在战国君主拥有的那种权威之下，几乎所有的事情都可以通过强制手段来完成。孟子曾向滕文公提出其井田制设想，如果滕文公采纳这一建议，他很可能真有能力付诸实施，因为战国的国君确实直接控制着一些土地。《孟子》中还提到了一些农学家，即许行及其门徒，他们来到孟子当时所在的同一宫廷，就是请求国君赐给他们一块土地，并接受他们为臣民。[3]

近些年来，有些学者推断说，战国时期各国国君对某些土

---

[1] W.艾伯哈德（W.Eberhard）:《征服者与统治者》，页33以次。然而，我不同意艾伯哈德教授关于周代征服者与被其征服者之间存在种族差异的看法。我相信，就周人是军事征服者并对被征服者实施奴役统治而言，艾伯哈德教授的理论是正确的，但无论是征服者还是被征服者，都属于同一个种族世系。
[2] 许倬云：*Ancient China in Transition*，页78以次。
[3] 理雅各译：《中国经典》，2：246。

导论 11

地确实有完全的控制权,这些土地被称为"公田"。[1]根据增渊龙夫的分析,族长在带领族人筑城建立城邦国家时,可能会在城市之外为自己保留一块专用的地区。尽管城邦集体(或更确切地说,城邦的整个统治集团)应当已经拥有城市附近大片的荒地,但在初始阶段,族长为自己划定的区域仍可能不是其绝对"专有"的。例如,《孟子》中有一段孟子与齐宣王的对话,其中孟子提到周文王的苑囿是对公众开放的,人们可以在里面采集薪草、捕猎鸟兽,而齐宣王的苑囿却完全是封闭的。这种差异表明,随着君主权力的增长,君主对公田的垄断也日渐增强。[2]在古代文献中,有很多这类"苑囿"的名称,其中有一些面积辽阔,例如楚国的云梦泽包括长江中部的整个湖泊区域。这些所谓的苑囿可能不仅包括专门保留下来的狩猎场,而且包括所有因地理状况不好而未开垦的荒地,如山地、森林、沼泽和低地。这些荒地很难用石制、木制或贝制的工具加以开垦,但是当铁器可以较为便宜地得到时,人们就能够砍伐森林中的巨木,或者在沼泽地区挖沟掘渠排除积水了。到了孟子的时代,像许行及其门徒这样的农人,都是带着他们自己的工具周游四方的。[3]此外,根据一部编年史的片段记载,与孟

---

[1]在这方面以增渊龙夫的观点最有说服力,见其《先秦时代的山林薮泽与秦的公田》,《中国古代的社会与国家》,页279以次。贺昌群:《秦汉间个体小农的形成和发展》,载《汉唐间封建土地所有制形式研究》。
[2]增渊龙夫:《先秦时代的山林薮泽与秦的公田》,页295以次。
[3]理雅各译:《中国经典》,2:246—247。

子同时代的梁惠王,将他在逢忌泽的土地赐给了人们。[1]

有意思的是,同是这位梁惠王,曾经表示对人口增长停滞的担忧。[2]将这些零零碎碎的信息拼凑在一起,我们可以合理地推测:当时存在着大量的荒地,而劳动力又有些不足。反对战争的思想家墨子确认了这一事实,他指出,任何一个大国,即那些拥有万乘战车的国家,都拥有相对于其人口来说太多的土地。[3]不过,在《战国策》中,却含有与这两个说法相矛盾的记载。据说在魏国,到处都是房屋和农田,以致没有地方可作为牧场,来往的人流和车流看上去就像大批的军队在行进。[4]友于曾试图解释这种矛盾。他提出,战国时期各国的人口,特别是包括魏在内的六个东部国家,对于已经垦殖的土地来说是太多了;但是对那些尚未开垦的大片地区来说,还是较少的。[5]如果人们在被允许迁徙到他们能够得到新土地、开始新生活的地方之前,不得不生活在人口稠密的地区,那么一个农民唯一的出路就是借助一切手段,最大限度地利用自己所能处置的那一小块土地,由此便产生了精耕细作的农业生产。因此,战国时期标志着中国农业至少在比较发达的地区已经开始向集约化耕作发展。这是人多地少的压力的后果,也是制度约

---

[1] 王先谦:《汉书补注》,艺文书局版,28A:73。
[2] 理雅各译:《中国经典》,2:129。
[3]《墨子》,四部备要版,5:3。
[4]《战国策》,四部备要版,22:3。
[5] 友于:《由西周到前汉的耕作制度沿革》,《农史研究集刊》,第2期,页7—8。他估计战国时期的中国人口大约有2000万。

束和技术限制的自然结果。

随着农耕集约化压力的不断增大,按照传统习惯让土地休耕已经不再可能。人们开始种植豆类作物,以恢复土地的肥力,结果使豆类成为最普通的食品之一。如果《氾胜之书》也反映了战国时的情况,那么当时有40%的农田是用来种植豆类作物的。[1]

多种作物轮种的做法代替了休耕。《吕氏春秋》中提到,在松土锄草各五遍并进行深耕之后,人们可以指望在年内得到谷子的好收成,而在下一年则可得到麦子的好收成。[2]即使土地没有了休耕期,轮流种植不同的农作物也可使土地的地力不会枯竭。

与战国时期农业技术变化相对应的,是社会经济的变化。在一些国家进行的各种方式的政治变法尝试,也对农业产生了影响。[3]当然,效果最卓著的,是商鞅在秦国进行的变法。他通过改组地方行政单位,将农民从封建制度中解脱出来,建立起一个在强大的地域性君主国家控制下的社会。[4]官方对私人土地所有权的承认,实际上体现了自由而独立的小农此时的重要地位。[5]

---

[1] 关于豆类作物的重要性,可见诸如《墨子》,2:4,及理雅各译《中国经典》,2:463。关于豆类种植面积的估计,见友于《由西周到前汉的耕作制度沿革》,页9。
[2] 尹仲容:《吕氏春秋校释》,页161。
[3] 许倬云: Ancient China in Transition,页92以次。
[4] 同上书,页93—94、112、117。
[5] 贺昌群:《秦汉间个体小农的形成和发展》,页88以次。

秦国的农民在服兵役时便成为士兵。按照战功行赏晋爵提高了他们的社会地位，使其处于一种介于真正的贵族和旧时依附于封建领主的农奴之间的位置。[1]同时，秦国还是唯一一个充分而系统地利用公田吸引外来劳动力，从而促进全国农业生产增长的国家。商鞅主导的战略思想，就是把秦国本国的劳动力解脱出来，使他们能够到秦国之外征战，让外来的劳动力代替他们从事生产。[2]这些移居秦国的新移民，虽然社会地位不如可以靠战功提升自己社会地位的秦国公民，但仍然是一种新型的农民：他们新开垦的土地不再受到封建采邑的束缚，这些自由的小农拥有他们正在耕种的土地。[3]

当秦始皇让人刻石谕示，已不再是封建农奴的自由农可以通过务农而致富时，他的话似乎确实有事实依据。[4]秦国创建了中国历史上第一个皇朝，正如贺昌群所认为的，这个朝代代表了一次社会革命，它造就出自由独立的小农；反过来，正是由这些小农形成的新的生产力，又支持了这个新的政权。[5]汉朝将从秦朝继承这同一小农群体，作为帝国权力的支柱，至少在一定的时期内是这样。

---

[1]《商君书》，四部备要版，5：1a—2b。
[2]同上书，2：1—4。缪启愉等：《商君书时代的社会变革和农业变革》，《中国农学史》，第3章。
[3]平中苓次：《论秦代的自实田》，《立命馆文学》，180（1960），页325以次。
[4]《史记会注考证》，艺文印书馆，6：36、46；贺昌群：《秦汉间个体小农的形成和发展》，页94—96。
[5]贺昌群：《秦汉间个体小农的形成和发展》，页93—97。

第一章　政府的农业经济政策

农业和人民

经过7年的内战,刘邦终于击败了自己的主要对手项羽,于公元前202年登基称帝。紧接着汉朝建立,立即开始了全面的复员遣散,所有人都被要求返回家园。根据诏令,回到原籍的人,将会重新得到自己原有的土地和房屋,有功人员则另被授予土地和房屋。[1]在以后的半个世纪中,很大程度上由于赋税较轻和政府开支较少,农业生产逐渐恢复。[2]与此同时,中国的人口在迅速增长,人口登记制度也有了改进。我们在下面将要讨论的,就是人口增长及其与农业发展的关系。

到汉文帝时期(前179—前157),帝国的农业生产水平仍

---

[1] 王先谦:《汉书补注》,1B:4a—5b。
[2] 同上书,24A:9b—10a。

然十分低下，粮食储备也很少。因此，汉朝最重要的政治家之一贾谊上了一份奏折，提请皇帝注意：有愈来愈多的农民转而从事非生产性的第二职业，主要是商业活动。贾谊认为，为了确保粮食储备，必须促使人们回返农业，以加强农耕生产。[1]

与贾谊同时代的晁错也强调农业的重要性，指出人民的生计以及帝国的安全都依赖于兴旺的农业人口。在一份奏折中，他建议政府允许以粮食购买爵位或赎罪，以鼓励农业生产，提高农民的社会地位。根据晁错奏折的描述，农民的生活艰辛，并且得不到足够的酬报。一个耕种自家百亩之田的自耕农家庭，即使在正常年景也是入不敷出。在田地里辛勤劳作了一整年之后，农民还不得不为了缴纳赋税而借高利贷。[2]可能正是这种状况导致一系列降低土地税税率的举措。到公元前155年，一个农民只需缴纳其粮食收成的1/30，这可能是中国历史上农民所负担的最低税率。[3]然而，仅在汉朝建立一个世纪之后，晁错之后不过两代人的时间，自耕农贫困的生活境况又一次见诸记述。董仲舒向人们展现了一幅悲惨的图像，其中提到有些农民被迫把自己的土地卖给富人，成为佃农，除了无法躲避沉重的劳役负担外，他们还要拿出粮食收成的1/2缴纳地租。[4]虽然董仲舒没有告诉我们被迫出卖自己土地的农民有多大的比

---

[1]《汉书补注》，24A：10—12a。
[2] 同上书，24A：12a—15a。
[3] 同上书，24B：15a。
[4] 同上书，24A：16a—17a。

例,但仅是这种财产被富豪掠夺的佃农的出现,就标志着他们已与晁错奏折里描述的农民出现了巨大的不同,后者虽然贫穷,毕竟还是自己土地的主人。这种佃农生活将成为相当一大批汉代农民的归宿。

在这段时间里,经历了整整一代人的相对和平之后,汉帝国的人口有了巨大的增长。司马迁注意到,汉朝刚建立时,原先户籍上有登记的人口现在只剩20%—30%还在原籍。过了不到一个世纪,也就是到了司马迁的时代,许多地区的人口已增长一倍、两倍,甚至更多。[1]

这些粗略的估测,对于勾画汉代最初一百年的人口统计情况没有多少帮助。幸运的是,我们还可以找到一些样本。《史记》里记载了19个王侯封国的人口数字,包括公元前200年左右开始分封时的状况,以及最后因各种原因明令取消封国时的状况。表1中列出了这些统计数字及其众数、中数和平均数。这些数字的价值和可靠性至少受两种情形的影响:第一,公元前200年时家庭的总数可能被低估了;第二,王侯封国内人口的增加,可能是自然增长的结果,但也可能是移民和疆界变化的结果。不过,由于我们是从同一资料来源的前后数据里推出增长率的,所以第一种情形不大可能存在。第二类困难概率不大,因为这些封国的分布实际上已经涉及汉朝时中国的所有主要地区,它们在人口密度上的多种多样也表明了这一点。令我

---

[1]《史记会注考证》,18:3—4。

们印象深刻的,是在两三代人的时间里,郡国人口大都增长了两倍或三倍。至于那些增长率异常高的区域,应是地区性特点在起作用。另外三个晚些时候的实例,也有助于证实这种可能的增长率的前后一贯性,这三个实例可见表2。

表1　公元前2世纪19个侯国的人口增长

侯国	所在郡国	初封时户数	国除时户数	年代（公元前）	时间跨度	年增长率（％）	人口密度（人数/平方公里）
阳都	成阳	7800	17000	201—155	46	1.7	6.1
魏其	琅玡	1000	3000	201—154	47	2.4	45.9
绛阳	济南	740	1500	201—153	48	1.5	87.5
鄜	沛	8000	26000	201—152	49	2.4	5.5
成	涿	2500	5600	201—151	50	1.6	48.8
东武	琅玡	2000	10100	201—151	50	3.3	45.9
南安	犍为	900	2100	201—149	52	1.6	3.9
曲成	东莱	4000	9300	201—149	52	1.7	46.2
曲周	广平	4000	18000	201—148	53	2.8	177.4
杜衍	南阳	1700	3400	200—146	54	1.3	48.0
平	河南	1300	2300	201—145	56	1.5	155.0
柳丘	渤海	1000	3000	201—143	58	1.9	35.4
高苑	千乘	1600	3200	201—138	63	1.2	80.9
颍阴	颍川	5000	8400	201—134	67	0.78	207.0
曲逆	常山	5000	16000	201—130	71	1.6	72.3
朝阳	济南	1000	5000	200—127	73	2.2	87.5
邲	南	1000	4000	200—116	84	1.6	9.5
乐成	河间	1300	2300	201—113	88	1.0	61.1
平阳	河东	10000	23000	201—91	110	0.75	28.0
		众数	中数	算术平均数		几何平均数	
所有侯国合计		1.6	1.6	1.7		1.62	

资料来源:《汉书》,卷16。李剑农《先秦两汉经济史稿》,页236—237。李氏的表中日期多有错误,这里已予以改正。人口密度的数字采自劳榦《两汉郡国面积之估计及口数增减之推测》,《历史语言研究所集刊》,5,第2期,页215以次。劳氏制表的材料是公元2年的,取自《汉书》卷28。年增长率是根据内推法得出

第一章　政府的农业经济政策　　19

来的,参见T.L.史密斯(T.L. Smith)、P.E.劳普夫(P.E. Zopf)《人口统计:原理与方法》,页552—553

表2 公元前1世纪三个地区的人口增长

名称	郡	户数		时间跨度	年增长率(%)
营平	济南	1279	2944	前73—前10	1.3
扶阳	沛	711	1420	前72—前30	0.93
山阳	山阳	93000	172800	前65—前22	2.5
		中数		算术平均数	几何平均数
年增长率(%)		1.3		1.58	1.44

资料来源:《汉书》,18:13及14;76:14;劳榦《两汉郡国面积之估计及口数增减之推测》,页180—216,及T.L.史密斯、P.E.劳普夫《人口统计:原理与方法》,页552—553。李剑农《先秦两汉经济史稿》里未包括山阳的例子,公元前65年是依据曾在公元前66年到前64年担任过山阳太守的张敞的任期推算出来的

表1中是19个人口增长的实例,其时间跨度从40年到110年不等。表2中三个稍晚的实例,显示了公元前1世纪的人口增长情况。这全部22个实例年增长率的几何平均值是1.6%。在表1里,时间跨度的中数是54年,年增长率的中数是1.6%。该表说明:一方面,在时间跨度比中数54年长(B期间)的9个实例中,有7个年增长率低于或等于年增长率中数1.6%;另一方面,在时间跨度小于54年(A期间)的9个实例中,有6个的年增长率超过了1.6%。前期的高增长率不仅应归因于自然增长,也许还应归因于随着稳定政府的建立而实现的人口登记的正规化。从长时段的数据可以看出,人口增长率在高峰期过后逐渐趋于一致,而表2很可能反映了和平时期的人口增长情况。如果人口增长保持在每年1%的中等速度,100的人口

基数在25年之后就是128，50年之后就是164，而100年之后就是270。由此可见，在西汉的100年间，人口很可能翻了一番，而且增速可能更快。

人口危机的征兆之一，就是出现成群的人在乡间四处漂泊流浪的现象。在西汉两个多世纪的时间里，官方正史只记录了9个实例（公元前119年、前83年、前71年、前70年、前67年、前52年、前25年、前23年和前17年），私人传记和文章中则记载了14个实例，不过其中有一些是地区性的，或者实际上是和正史记载的实例重合的。除了极少实例只记载了流民现象本身外，西汉时期关于流民的记载，总是与某些由自然灾害造成的大饥荒联系在一起。[1]而在东汉时期被提及的23次流民现象中却有17次被作为重大事件，列入帝国正史（公元76年、76年、93年、94年、100年、100年、102年、103年、106年、108年、110年、115年、127年、131年、139年、146年和153年）。即便将发生在同一年的事件只算作一次，在东汉不到200年的时间里（25—220），流民现象仍然发生了16次，其中只有4次起因于饥荒或自然灾害。换句话说，在东汉时期，有相当一部分人到处流浪已是常事。[2]无论是西汉还是

---

［1］王仲荦：《关于中国奴隶社会的瓦解及封建关系的形成问题》，《中国古代史分期问题讨论集》，页450—451。

［2］《关于中国奴隶社会的瓦解及封建关系的形成问题》，《中国古代史分期问题讨论集》，页451—452。东汉末年发生了战乱，并一直延续到三国时期。自公元168年以降，战乱连年不绝，每年都有许多人被迫离乡背井去流浪。参见杨联陞《晋代经济史简论》，见氏著《中国制度史研究》（英文版），页126以次。

东汉,首次提到流民现象都至少是在开国50年之后,考虑到人口增长得有两代人时间才能形成势头,这应当不是纯粹的巧合。

人口的增长使得粮食供应不足成为严重的问题。表3中人口与土地之间的比率表明人均土地占有量非常少,这个问题又因人口分布不均而更加复杂化。在人口稠密的地区,每平方公里的人口多达数百人,而在人口稀少的地区,每平方公里还不到一个人。人口密度高的是畿辅地区,以及黄河中下游文明发达的平原地带的若干郡国。[1]事实上,这种人口集中而农业发达的地区只是当时整个中国相当小的一部分。

表3 人/地的平均比率

年代（公元）	可耕地面积（亩）	户数	人口	每户平均人口	户均拥有土地量（亩）	人均拥有土地量（亩）
2	827053600	12235062	58594978	1.87	67.61	13.88
105	732017080	9237112	53256229	5.76	79.25	13.76
122	694289323	9647838	48690789	5.04	71.96	14.28
144	689627150	9946919	49720550	4.99	69.33	13.89
145	695767820	9937680	49524181	4.99	70.01	14.03
146	693012338	9248227	47566772	5.08	74.13	14.59

资料来源:马乘风《中国经济史》第2版,上海:商务印书馆,1939年,第二册,页352

首都附近的沃土良田价格昂贵,可以高达1亩土地价值1

---

[1] 劳榦:《两汉郡国面积之估计及口数增减之推测》,《历史语言研究所集刊》,第5卷第2期,表1;西嶋定生:《秦汉帝国》,《中国历史》,第2卷,篇首的地图。

两金子,是边远郡国1亩土地价格的100倍。[1] 1两金子价值1万个制钱。[2] 人口稠密地区土地昂贵,使得富人有了理想的投资对象,而普通的农民却很难问津。富豪、显宦如何攫取土地的问题,将在下一章讨论。下面我们要讨论的是政府对土地占有不均的态度。

对土地占有的限制

随着事态的发展,到了西汉哀帝和平帝时期,人们开始将与贫富两极分化密切相关的土地分配不均,视为农业问题的症结所在,要求限制土地占有逐渐成为老生常谈。儒家学者们尤其梦想建立一种理想化的均分土地的井田制,按照这一制度,每一个成年人都可以得到100亩土地,每8户人家组成一个共同体单位,共同耕种另外100亩公地,公地的产出属于国家(或者更确切地说,属于封建领主)[3],参见本书导论。自汉元帝时起,汉朝的皇帝都是接受全面的儒家教育,儒生逐渐在朝廷中占据了主导地位。[4] 在公元前1世纪的下半叶,儒生们开始图谋将他们的思想主张——至少是部分地——付诸实施。公

---

[1]《汉书补注》,65:7a,郑玄注。
[2]《汉书补注》,2:2a。据居延汉简记载,这个边远郡国的土地价格是100制钱1亩,见鲁惟一(Michael Loewe)《汉代行政实录》,1:72,71。
[3] 理雅各译:《中国经典》,2:245。
[4]《汉书补注》,9:1a—b,10:1b;德效骞(H.H.Dubs)译:《汉书》,2:299,301,373。

元前7年，汉哀帝刚刚即位，以博学而知名的儒生师丹首次建议应按照古代井田制的模式重新分配土地。他指出，在先前几代人的时间里，政府的无为放任导致繁荣，但土地也日益集中到了富人手里，而穷人则愈益贫困，土地分配不均已经使社会两极分化。为了解决危机，他要求对土地占有实行某些限制。他的提议后来提交给朝廷审议。丞相孔光建议个人拥有的土地最多不得超过3000亩，还对个人拥有奴婢的数量提出了一些限制。不过，哀帝非常懦弱。他的宠臣、堂表兄弟和舅舅们经常收受巨额的馈赠，这种馈赠除了通过各种手段搜刮来的财物外，有时还包括大片的土地。由于限田意味着这些既得权益会丢失，外戚丁氏和傅氏家族在宠臣董贤的支持下，竭力对哀帝施加影响，使哀帝最终将这一建议束之高阁，第一次解决土地集中问题的尝试便半途而废了。[1]

公元9年，王莽在摄政之后篡夺了皇位。[2]在他的诸多改制措施中，对我们的研究来说最重要的一条，就是他将土地国有化和恢复古代井田制的努力。王莽刚登上皇位就发布了一道诏令，抨击汉朝的赋税和徭役制度。他似乎在事实上已经发现汉代农业发展的真正问题所在，因为他指出：土地税看上去很轻微，但农民的负担远不止于此；农民还必须缴纳劳役税甚至兵

---

[1] 关于师丹、孔光的生平，以及他们的儒生身份，见《汉书补注》81和86。另参见《汉书补注》，24A：20a—b。
[2] 德效骞：《王莽及其经济改革》，《通报》，第35期，页219—265。德效骞译：《汉书》，第三卷。

役税，以替代向朝廷和地方政府服劳役以及服兵役的义务。此外，农民的土地还经常由于各种原因而落到富人手里——富人们可以利用高利贷、政治压力或其他手段攫取这些土地，他们以土地的主人自居，强迫农户交付通常相当于粮食收成1/2的"租"。王莽的指控是颇有依据的。农民只能任凭权势人物的摆布，而这些权势人物有时甚至可以在整个地区称王称霸。授给农民的土地，只不过为那些贪得无厌的权贵提供了更现成的吞食对象。[1]

王莽认为彻底的解决办法就是将土地平分给人们耕种，同时又不把土地所有权授予他们。先前对土地占有规定最高限额的建议固然温和，却不解决问题，王莽的改革是被这种温和方案的失败激发的。抱着将儒家平均土地与家庭成员友爱相处的思想结合起来的意图，王莽命令那些有超过八个成年男子、耕种900亩土地这一平均限额的家庭，将多余的土地分给其亲戚和邻居。王莽的改革远没有达到目的，在经过三年混乱和骚动之后，法律又回到了原位，再次允许人们进行土地买卖。私人所有权再次得到法律的承认，对拥有土地的规模也不再有任何限制。[2]

本身就是儒家的王莽，也许是真心实意地试图恢复古代平均土地的制度。事实上，他认为井田制是尧和舜这两个圣明

---

[1] 本书第三章有对土地霸占问题的详细讨论。
[2] 《汉书补注》，24A：21a—b。

第一章 政府的农业经济政策 25

君王统治时期的产物：他曾明确地声称，因为井田制瓦解了，才会有土地集中的问题。[1]王莽也许认为其禁止土地买卖的政策，是防止人们出卖自己土地的有效手段，因为贫苦的农民经常不得不在紧急的情况下卖掉土地，而这些土地甚至可能是政府出于救灾目的刚刚发放给农民的。[2]然而，王莽没有仔细体察农民被迫出卖土地的缘由。自然经济的鼓吹者贡禹曾描述汉朝农民的生计，他说，除了常规的赋税之外，农民必须缴纳各种苛捐杂税，还要受到县和村落中权势人物的非法压榨；他又补充说，经商可能带来的丰厚利润也在诱使农民离开土地。[3]换句话说，主要是由于非农业支出的沉重负担，汉朝的农民才入不敷出。不断的剥削榨干了农业资源，直到农民把最后的资源——土地——也转换成了钱财，以满足索求。只要王莽无法消除地方上的剥削，任何制度上的改革都无济于事。在第二章中，我们将更详细地讨论在很大程度上导致农村无产者（无地农民）产生的剥削现象。

非经济措施

汉代早期的几位皇帝已经意识到农业存在的问题，尽管他

---

[1]《汉书补注》，99B：8a—b。
[2]参见贺昌群《秦汉间个体小农的形成和发展》，载《汉唐间封建土地所有制形式研究》。
[3]《汉书补注》，72：13a—b。

们可能并不明白这些问题的性质。公元前178年,汉文帝恢复了皇帝籍田的仪式,他宣告说:农业是国家的根本,自己亲身参与劳作,就是要在耕作农田以供给祭祀宗庙所需的谷物方面做出表率。[1]自此,这种在汉皇宫内举行的半宗教、半政治的仪式开始成为传统。皇帝们往往要在春季按照儒生们特别倡导的古代礼仪,象征性地推三次犁。[2]

与此同时,鉴于农业已显现出无法提供足够粮食的迹象,朝廷还颁布了若干敕令,表明皇帝对农业的关心。公元前168年的敕令训诫官吏要竭尽全力鼓励人们种粮,因为可耕地扩展不足已经导致粮食储备短缺;这道敕令还命令将土地税减免一半。公元前167年的另一敕令则全部豁免了土地税,以示朝廷的特别恩典。[3]

公元前163年颁发的一道诏书,严肃地探讨了导致农业发展缓慢的原因,并特别关注了粮食短缺的缘由。但诏书中用来解释粮食短缺缘由的一些判断,似乎漏掉了很多要点。其中提到酿酒和饲养耗费了大量粮食,但中国的制酒业和畜牧业从来

---

[1]《汉书补注》,4:9b—10a。
[2]耕种为宗庙礼仪供应祭品的田地的仪式,起源可以追溯到西周,甚至商朝。参见郭沫若《两周金文辞大系》,页30、150。汉代这种礼仪包括皇帝拜谒先农坛和举行籍田仪式。参见《后汉书集解》,4:5b—6a。对此较详细的讨论,参见德效骞译《汉书》,1:281—283;孙念礼《古代中国的食物与货币》,页157与注161。关于这方面的例子,见《汉书补注》,4:14b;6:38a;7:2a;7:5a;99B:22a—b;及《后汉书集解》,2:8b;2:13a。
[3]《汉书补注》,4:14。

还没有发达到所消耗的粮食影响到正常粮食供给的程度。那种由于太多的人卷入商业,从而导致农业劳动力短缺的假设,也是一项未经考究、信手拈来的指控,它将责任推到了当时颇为兴盛的城市活动头上。实际上,这是在为政府扶助农业政策辩护时,反复出现的最常见的说法。[1]

在汉朝早期几位皇帝的统治时期,政府对农业的扶助并非仅仅是纸上谈兵。除了减免赋税的恩惠之外,皇帝还通过在每个地区选拔最优秀的农民的方式,试图为农民们提供一个样板。在公元前191年,开始第一次选拔"力田",他被特许免除赋税和免服劳役。显而易见,这种诱惑足以引发其他农民的仿效。[2]公元前187年,一道敕令发往各郡,要求每个郡向朝廷推荐一名"力田",很可能是作为政府官员的候选人。[3]公元前168年,"力田"与"三老"和"孝悌"并列,成为地方上举荐的三种人才之一,按照规定的比例从地方人口中推荐。[4]从那时起,"力田"就和其他的被举荐人一样,一直得到皇帝的赏赐,尽管他们的等级或许仍是最低的。[5]有关整个

---

[1]见《汉书补注》,4:16b—17a;5:9a—10a。对于商人和所谓"第二职业"的谴责,是以如此观点为基础的——认为粮食才是唯一真正的、有价值的东西,因为它是食物,而贸易交换却不能生产出食物,见上书,5:9—10a;24A:16a—17a;99B:22a—b;4:14a。
[2]同上书,2:5a。
[3]同上书,3:2a。
[4]同上书,4:14a—b。
[5]同上书,6:13b。

两汉时期历史的官方正史中,提到"力田"的地方不下三十余处,可见它是一项贯穿两汉时期的制度。具有讽刺意味的是,"力田"举荐的常规化,同时也削弱了创立这一称号时打算让它发挥的激励作用。[1]

与上述诸项措施相联系的,是向百姓普赐民爵。最早提到赐民爵是在刘邦初入秦的都城的时候,当时他允许人们耕种原来圈禁的皇室田地,并授予男性各种等级的爵位。[2] 在两汉时期,类似的赐封时有发生,赐封的类别不下两百种。

就爵位是一种异常特殊的荣誉而言,这种普遍施予封赐的做法似乎是不切实际的。然而,一旦清楚了封爵的起源,我们就能明白其特定意义了。在秦国开始实行荣誉性的爵位制度时,人们对封建社会等级仍记忆犹新,获得爵位很可能被认为是平民爬入特权阶层的晋身之阶。按照秦制,爵位的拥有者确实可望随赐封而得到某些物质上的好处,如屋宅、土地和仆役等。[3] 公元前202年刘邦颁发的一道诏书清楚地显示,汉初获得低级爵位的人可以免服徭役,获得高级爵位的更是有权得到某些物质好处。

西嶋定生提出,向人民普遍地封授爵号,有助于塑造皇帝

---

[1] 关于这方面的例子,见《汉书补注》,10:8a。
[2] 同上书,1A:30b。
[3] 学者们对于秦军功爵制的特性有很多的争论,有的认为物质奖励是爵位的组成部分,有的则认为这两者不是一体化的。对前一种观点,见平中苓次《秦代土地制度的一点考察——论"名田宅"》,《立命馆文学》,70(1961)。对后一种观点,见守屋美都雄《中国古代的家族与国家》,第一章。

第一章 政府的农业经济政策 29

和人民之间的直接联系。[1]既然汉代平民中的大多数都是农民或其家属,封爵位的制度必定会对农业人口产生重要影响。

爵位称号的价值不仅仅在于它是一种荣誉,它还可以作价出售,可以使爵位的拥有者在面临指控时享有减免惩罚的权利。[2]当时对于罪犯有许多类型的强制劳役,他们长期没有人身自由,必须历经层层等级,才可能恢复平民身份。考虑到这一点,我们就很容易理解赎罪权利的重要性了。[3]爵位是一种保护性的缓冲层,减少了那种可能使自由民地位沦落的危险。不过,当政府开始出售爵位以换取金钱或粮食时,民爵制度就显出了它不太光彩的一面。买卖爵位的措施是公元前178年晁错建议实施的,为的是提升粮食的价值,并由此提高农民的地位。[4]史书中反复提及爵位的买卖,这种现象很可能贯穿了整个两汉时期。[5]其后果就是在社会上生成了一个特殊的阶层,它可以利用财富换取荣誉、官职、免缴赋税、免服劳役以及减免刑罚。这些特权进一步加大了社会分化。[6]

概括而言,汉初几位皇帝发展农业的举措背后,存在着一

---

[1] 西嶋定生:《中国古代帝国的形成与构造》,页126—127。
[2]《汉书补注》,24B:9a;24A:10—12a。
[3] 同上书,23:14a—b。
[4] 同上书,24A:12a—15a。
[5] 有意思的是,爵位的价钱从公元前194年每级2000钱降到公元前18年的每级1000钱。参见《汉书补注》,2:3b和10:10a。然而,2000钱的价钱被东汉的注释家应劭视为标准价(《汉书补注》,2:4a)。
[6] 李剑农:《先秦两汉经济史稿》,页261。

个共同的预设，即农民之所以放弃务农，是因为缺乏足够的积极性，商业和其他被视为"末业"的行业，其利润诱使人们脱离农耕"本业"。减免税赋的特权，授予爵位，创造"力田"称号，都是为了刺激务农的积极性。甚至皇帝籍田的仪式也是为了表明政府对务农的倡导。汉文帝在公元前168年和前163年对粮食短缺的缘由所做的解释，也暴露出朝廷对汉代农业中根本问题的无知。[1]

人口的迁徙和转移

人口分布不均衡的问题，是通过将人们大规模迁移到人口稀少的地区来解决的。但是第一次由政府发动的迁徙，却是出于边疆防务的目的。多年来，北部边疆地区一直是匈奴游牧部落的掳掠对象，匈奴人可以在许多地方突入人烟稀少的北部边疆。公元前178年，晁错建议在边疆地区建立农民及其家属的永久性定居点。他强调应该通过给予奴婢和刑满罪犯以自由的方法，使移民获得社会身份。为了吸引志愿者，移民还被授予爵位和免除徭役，政府甚至支付赎金，为那些失去自由的人赎身。[2]

公元前165年，晁错再次敦促政府向北部边疆地区移民。

---

[1]《汉书补注》，4：14a，16b—17a。
[2] 同上书，49：14a—15b。

他建议应在新的定居地为移民提供方便的条件和设施,除了良好的医疗服务和社会、宗教活动的机会外,还包括地点理想的城镇、资源丰富的耕地及每户两间居室的现成住所等。[1]

贺昌群认为,这些文献证明汉王朝对所有的农民都是以上述方式加以照顾的。他的判断可能是错的,但我们仍有理由认为,汉朝希望看到农民能够维持一种良好而自给自足的生活;住所规模则显示,这种独立的农户应是能够居住在两居室里的小家庭。[2] 换句话说,汉朝的边防政策是与重新配置人口的政策联系在一起的,为的是使更多的人成为独立而自给自足的农民。几乎整个汉朝时期,边疆移民政策都在积极地实施。

但是,汉朝廷自觉地为了解决土地占有不均的问题,允许人们从人口稠密区向拥有较多可耕地地区迁移,却是到公元前156年才开始的事情。这年一道特别的诏书,首先提到灾荒在造成饥馑和死亡;然后指出有些地区土地贫瘠而不足,另一些地区土地肥沃却未被利用;最后它准许人们从前一部分地区向后一部分地区迁移。[3] 从秦朝开始,自由迁徙便是被禁止的。根据汉初的记载,公元前205年另有一道诏书,也允许人们迁移他处,但是这两道皇帝诏书之间是有区别的。公元前205年

---

[1]《汉书补注》,49:15b—16a。
[2] 贺昌群:《秦汉间个体小农的形成和发展》,载《汉唐间封建土地所有制形式研究》,页100—101。
[3]《汉书补注》,5:2b—3a。

的那道诏书，实际上只是允许灾区的人们移往粮食富足的地区，以受到较好的照顾，它不过是一项避免运送大批粮食到受灾地区的临时性措施。[1] 相形之下，公元前156年的诏书，则明显地将永久性移民作为政策选择，它通过将过剩人口转移他处的办法，减少人口对土地的压力。

汉武帝在位时的公元前119年，也采取过一次大规模的行动。当时的一场水灾造成了帝国东部各郡县的严重灾荒。这次洪灾凶猛异常，东部地区受灾范围很大，以致官府的粮仓已经耗空，只好动员私人资源赈济穷人。作为最后的手段，政府把受灾地区的大约72.5万穷人迁移到西北边疆的四个郡，这四个郡是两年前匈奴投降之后，才刚刚摆脱了游牧部落的侵扰。这是一次大规模的迁徙，政府连续几年向这些移民提供食品和衣物，还授给他们土地和房屋。移民们被分区组织在一起，由政府派员监管。国库也因此而消耗殆尽。[2] 这次大规模的人口迁移，不仅救济了东部遭受洪水的灾民，而且有助于充实边疆地区的人口。[3]

南方土壤肥沃、气候温和，最有成效的移民活动还是持续不断地向南方各郡的迁徙。尽管与向北部移民相比，政府从未在安排南部移民方面扮演过那样积极的角色，但东汉时期南方

---

[1]《汉书补注》，1A：34b。
[2] 见上书，24B：10a—b。根据记载，除了西北的四个郡外，南方的会稽郡也是安置移民的地点，上书，6：15a—15b。
[3] 到公元前127年，已经有10万人被招募、安置于北部边疆（上书，6：10b）。

的人口还是得到了大量的增长。汉代人口获得增长的地区包括长江流域、四川盆地和东北地区。关于这个问题的进一步讨论请见本书的第六章，特别是表14。

大多数人口稠密地区的人口压力问题，都通过人口外移而得到极大的缓解。不过，根据劳榦所编制的两汉各郡国人口密度的图表，西汉时期13个人口最稠密的郡国中，有10个到了东汉仍然名列17个人口最多的郡国之内。[1]移民确实有助于吸收相对于土地而言的过剩人口，但是却没有彻底地解决这一问题。

政府公地的开发

作为帝国的主人，汉朝皇帝们有权直接占有那些没有明确私人归属和登记的土地。因此，汉朝皇室直接拥有广大的地域，其中大多数都是山地、沼泽、森林和湖泊；它们有一些是专门保留下来供皇帝渔猎娱乐的林苑，而另一些则是御用的牧场。那些遍布全国的无主的土地，尽管没有被明确指定为御用，皇室对其也一样有支配权。[2]在西汉时期的政府中，国家财政事务和皇室财政事务一直是由两个不同的机构分别掌管的。少府负责掌管来自山地丘陵、沼泽湿地以及河海湖泊的收

---

[1] 劳榦：《两汉郡国面积之估计及口数增减之推测》，页216以次。
[2] 对这一问题最好的研究是增渊龙夫的《中国古代的社会与国家——秦汉帝国成立过程的社会研究》，页265以下。

入，来自政府公地和苑囿的产出以及来自封建领主的贡物，负责支付宫廷消费、皇室宗庙祭祀及赏赐、馈赠所需的实物和金钱。另一方面，大司农则掌管土地税和财产税，负责政府开支、国防军费、公共工程经费以及政府官吏的薪俸等。[1]皇家林苑的土地只能专属皇帝使用，这被视作理所当然；所以当萧何建议允许百姓耕种上林苑中的荒地时，汉高祖为之大怒，将这位功绩最卓著的副手和汉代第一位相国投入了监狱。[2]水利工程修建后，由于原先的沼泽和河床露出水面而形成的空地，也属于政府所有。例如，武帝在位时，曾将首都地区一条干涸了的运河河道中的土地，授予由南方移居首都地区的少数民族越人，他们得向少府缴纳地租。[3]

汉朝廷还直接占有大量没收来的地产。在皇室通过这种方式取得的土地中，有一些是由各种政府机构管理的。政府大概依然让原来的佃农耕种土地，只是向他们收取地租。这类土地中最大的一部分是公元前2世纪的最后25年，在武帝统治时期没收充公的土地。即使在其他时期，皇室也会拥有从犯罪的平

---

[1]《盐铁论》，1：13a；《后汉书集解》，26：3a注释。加藤繁：《支那经济史考证》，卷一；吉田虎雄：《两汉租税的研究》，页234—241；增渊龙夫：《中国古代的社会与国家》，页267—269；李剑农：《先秦两汉经济史稿》，页230—244；余英时：《汉代中国的贸易与扩张》，页60—64；王毓铨：《西汉中央政府概况》，《哈佛亚洲研究杂志》，12（1949），页134—187。
[2]《汉书补注》，39：5b—6a。
[3]同上书，99B：22a—b。

民和官吏那里没收来的大量土地。[1]

各种政府机关，无论是中央政府部门还是地方行政机构，似乎也都可能占有土地，尽管不清楚它们是如何获得这种所有权的。在一个实例中，某郡的郡守命令将其官府所占有的土地无偿地授予自由民，这些土地大概本来是要出租给这些人的。这个例证表明：这个郡守的官府，甚至于郡守个人，原本是可以把地租作为自己的收入来源的。[2]

在一次非常特殊的情形下，各级官府接到诏令，允许它们直接征收土地税，即直接向当地的居民征收特设的地租。这次事件发生在公元190年到195年之间，当时依恃武力的董卓将新皇帝挟持到长安，重建了朝廷。在这种非常时期，正常的财务制度不再起作用，各种政府机构可以自行设法开辟财源，以维持本身的运转。然而，当时政府各级部门似乎并不是可以自行攫取土地并征收赋税或地租的。更可能的情况是，记载中提到的土地是在名义上指定给这些官府的，有关的官吏被赋予了收缴税赋的责任。尽管我们不应根据这种紧急时期的做法，认为向官府分配土地是常规模式，但是我们也不能排除朝廷有可能把土地授给官府而不是个人，作为它们岁入的一种来源。[3]

简而言之，汉朝政府确实直接控制大量可以由朝廷处置的

---

[1]《史记会注考证》，30：33—34；《汉书补注》，24B：16a—b。
[2]《后汉书集解》，80A：11a。
[3] 严可均辑：《全后汉文》，8：4b。

土地。到了汉武帝时，富人与无地农民之间的两极分化已成为一个非常严重的问题，以致政府不得不采取某些措施防止社会结构持续恶化。汉朝廷将解决无地农民的生计作为其施政重点，将土地授给那些失去了土地的农民。从公元前140年首次提到授予公地，到公元2年最后一次采取这类行动，《汉书》中一共记载了11次授地活动。[1]有意思的是，这些授地的实例中，有一半以上发生于公元前69年至公元前43年，史书上提到它们时用的都是"假"这个字眼。换言之，除了最初两次和最后三次授地之外，公地常常是出租而不是送给无地农民。此外，在最后三次授地中，发生在公元前6年和公元2年的那两次，都涉及政府剥夺私人地产实行再分配的问题。[2]连续不断地赐授林苑和其他保留地以及地方政府所有的土地，使得汉朝廷耗尽了自有的土地资源，不得不要求皇亲国戚和高官显贵们放弃自己保有的土地，以便重新安置无地的农民。也许正是2年那次最后的努力，标志了赐授皇室土地的终结——因为这一次是用位于西北边境的安亭郡的一部分土地，来重新安置来自东部地区的饥民，而不是像往常那样，将灾民安置在灾区附近的地方。

  要求私人将土地授赠给穷人，暗示需要土地的农民已不再能得到未开垦的荒地。既然私人的土地一般都是已被耕种的土

---

[1]《汉书补注》，6：2b；7：8a。天野元之助在其《试论汉代豪族的大土地经营》中将这些事件列了一个表，页8。
[2]同上书，11：4a；12：5b—6a。

地，那么把这样的土地授赠给穷人只不过意味着把原来的土地耕种者（可能是个佃户）赶走。事实上，这样做确实无法改善情况。这种呼吁富豪和权贵把土地授赠给穷人的做法，意味着汉朝廷的一项根本性的转变，即从创造更多的可耕地转向更合理地分配现有土地。上文提及的公元前6年和公元2年哀帝与平帝时期涉及私人土地再分配的实例，标志着这种从出租朝廷土地到重新分配某些私人土地的政策变化。《盐铁论》中有一段话，为我们了解土地租借的真实情况提供了线索。这一重要段落记载说，奉诏上朝参加讨论盐铁专卖之利弊的地方精英们，对政府出租土地做法的合理性提出了质疑。负责官员的答复清楚地透露，国家或政府实际上是这个帝国最大的地主，并从土地耕种者那里收取大量的地租。另一方面，从政府那里得到土地所有权的穷人，又往往在面临严重困难时，被迫把土地卖给豪门望族。这样一来，政府的土地实际上转到了富人的手里，而贫苦的农民则再次沦落为地位低下的佃农。无论是成为政府的佃户，还是成为从农民那里抢走了土地的权贵们的佃户，在这两种情况下受害的一方都是农民。[1]

东汉朝廷照搬了西汉所采用的各种措施：公元66年下诏将各郡国所有的公地分授给穷人；70年分授了一条黄河引水渠沿岸的低地；76年分授了上林苑的禽鸟保护地；[2] 84年，再

---

[1]《盐铁论》，13：1b—2a。
[2]《后汉书集解》，2：11a—b，13b—14a；3：4a。

次命令所有的地方官府将政府公地分授给穷人,并提供贷款让他们购买种子、食粮和租用农具,还免去他们数年的赋税。这道诏书表明,人与土地之间的比率极不均衡,有些农民既没有土地,也没有耕种土地所需要的资本。[1]两年后,即86年,皇帝在帝国东部巡游时发现,在几个郡国中仍存在着大量未被利用的沃土,于是下令将这些土地分授给穷人。由此看来,不是以前关于分授土地的诏令未得到完全的贯彻执行,就是各地的官府仍继续在攫取土地。[2]到了1世纪末,朝廷对穷人的垂顾已不再采用分授土地的方式。皇帝下诏开放宫廷林苑和皇家禁地等公地,也不过就是允许人们在这些原属禁区的土地上面从事砍柴、捕鱼之类的活动。[3]值得注意的是,在109年的诏书之后[4],《后汉书》中就没有关于向穷人开放政府土地的实例记载了。作为替代,发放粮食成为灾荒时期济贫的主要手段。[5]

东汉的扶贫计划似乎是在逐渐萎缩。最初,是将皇家直接掌管的土地分授给穷人。然后,皇帝不得不转向地方官吏,要他们将地方官府控制的土地分授出去。再后,皇帝的恩典仅限于允许人们在皇家林苑中采集食物和其他物品。最后,政府只

---

[1]《后汉书集解》,3:10b。
[2]同上书,3:15b—16a;并参见2:11a—b。
[3]同上书,4:6a—b,11a;5:3a。
[4]同上书,5:6b。
[5]例如,公元113年就有五个郡的税粮被运到七个受灾的郡发放(《汉书补注》,5:9b—10a)。

能靠分发食品来救济穷人了。西汉皇室曾长期是全国最大的地主，东汉朝廷则没能长期保持这种地位。东汉朝廷也不像西汉朝廷那样拥有大量未开垦的荒地，这当然是导致扶贫计划萎缩的重要因素。此外，东汉的诏书通常都是命令将土地分给而不是借给穷人，这使得政府控制的土地有减无增，扶贫行动无法长期持续。在地方豪族支配了东汉政治的情况下，人们可以设想，那些有权势的家族会欢迎将土地分给穷人，因为这是权贵们最终将土地攫取到自己手中的一种便利手段。[1]

两汉的政府还在地方通过改善灌溉系统和采取其他措施，努力扩大耕地面积和提高单位产出。在西汉时期，皇帝一再颁发敕令，敦促地方官员推进农业和养蚕业。为了确保官吏们竭尽全力，制定了专门的奖惩办法。[2]中央政府甚至派出专门人员监督地方的农业发展。[3]不过，《汉书》中关于这方面成就的实例记载并不多。当然，这里面最有争议的人物是王成。公元前67年，王成因在本辖区内安置了8万流民而受到褒奖，被封了侯。[4]然而，在他死后，人们发现他的报告实际上是在弄虚作假。[5]

业绩最为卓著的地方官员之一，是公元前35年前后任南

---

[1] 在西汉的文献中，"假"这个字意指土地出租；东汉的文献却只是在提到允许百姓无偿地到政府土地上采集生活物品时，才使用这个字。
[2]《汉书补注》，5：9—10，12；10：8a。
[3] 同上书，12：4b；《后汉书集解》，25：2a。
[4]《后汉书集解》，8：8a—b。
[5] 同上书，8：8a—b。

阳太守的召信臣。为了促进农业的发展，他花费了大量的时间巡视各处的村庄，并在任期内修建了数十个水利工程，其灌溉面积达到3万顷，当地的人口也随着这种新出现的繁荣而翻倍。与他同时代的陈立，也因为劝农有功而受到奖赏。[1]

东汉皇帝发出的敕令与西汉类似。官员们被告诫不要在农忙时扰民，要消灭虫害，要勤于劝农。[2]《后汉书》载录的东汉时期的模范官员要比西汉时多。在这些杰出的地方官员中，大多数的功绩不是扩大了耕地面积，便是增加了户口，更常见的则是两者兼而有之。对历史记载的考察表明，这些劝农取得成绩的实例不仅涉及容易得到闲置土地的边疆地区，而且还涉及因内战而使田地抛荒的中国内地。[3]换句话说，那些新扩展的耕地，实际上常常是一度抛荒而又被重新开垦的田地，或者是由于更为有效的水利灌溉而得到改良的田地。

小　结

东汉和西汉政府都决心维护农业人口的稳定和兴旺，认为它是帝国的根基。土地是农业的主要生产资料。但是人口的增长，特别是其不均衡的地域分布，使得政府很难保证耕者有其田。在人口最稠密的地区，提高社会地位和减轻农民的赋税负

---

[1]《后汉书集解》, 95：7a。
[2] 同上书，2：7a—b, 11b。
[3] 同上书，21：4a—b; 2：11b; 76：16b。

担，都无助于真正缓解人多地少而产生的压力。当然，在人口最稠密地区，移民多少能够减缓这种压力；但是在中国历史上，最重要的长期移民趋势是人口南移，而这并没有得到政府的积极支持。政府支持的人口迁徙在很大程度上是与保卫北部边疆相联系的，而向北部移民无论是其效果还是规模都无法与人口的南移相比。将公地授予人民，应被看作是一种开拓荒地，从而也是扩大可耕地面积的举措。不过，耕地面积的增长速度从未赶上过人口的增长率。史书上经常出现关于流民人口的记载，表明了人口相对于可利用的土地而出现的过剩。土地人均占有率不足的问题，又因富人与穷人之间的土地分配不均而进一步复杂化。穷人一旦失去独立农民的身份，并成为富人的佃户甚或徒附，他们在生存与饿死之间的回旋余地就变得非常之窄小了。

第二章　土地，最有价值的资源

工商活动的发展

在前一章中我们看到，中国统一后人口的增长导致人均占有耕地的比率下降到很低的水平，只给农户留下很小的农作空间。如果农业不是劳动密集型的，多余的劳动力就必须迁徙到新的土地上，或者进入非农行业如工商业里去。

事实上，在中国历史的早期，工商业似乎一度有机会兴盛起来。早在战国时期，伴随着地区间的频繁联系、货币制度的发展以及城市中心的增长，在中国历史上第一次出现了商业的繁荣；那些在生意上获得成功的人，也同时赢得了很高的社会地位。[1]

在汉朝初期，商业活动非常兴盛，继续保持着战国时期的

---

[1] 许倬云：*Ancient China in Transition*，页138—139。

商业繁荣和壮观的城市化进程。太史公司马迁在《史记》中有一篇专门记载货殖情况,其中列举了公元前2世纪时中国一系列重要的都市中心。司马迁对每一地区都指出了一个关键的中心都市。这些都市要么拥有能够提供商品来源的广阔腹地,要么可以从其他国家输入物资,并且依托着公路或者水道,交通运输十分便利。[1]在记录公元前81年围绕经济政策的宫廷辩论的《盐铁论》里,这些都市中有很多也作为商业中心而被提及。[2]

将春秋时期和战国时期加以比较,我们就会看到,战国时期之所以贸易十分活跃,是因为此时有了比较发达的交通系统。为了战争和各种国与国之间交往而修造的公路,促进了这一系统的发展。战国时贸易兴盛的另一缘由,是当时的若干大国比春秋时期的封国要大得多,人们可以在其中自由流动。[3]到了汉代,中国已经统一,道路系统更加完善,战国时期敌对国家之间沿边设路障和关卡的举措渐次减少。我们由此可以想见,汉朝时期的商业活动会更加兴盛。最好的公路系统当然是秦始皇时修造的,由汉帝国继承下来。据说,这种五步宽、用夯土做路基的公路,路基两边有金属柱加固,

---

[1]见《史记会注考证》,129:17—26,英译文见孙念礼《古代中国的食物与货币》,页437以次。参见史念海《释史记·货殖列传 所说的"陶为天下之中"兼论战国时代的经济都会》,《人文杂志》,1958,第2期,页77以次。
[2]《盐铁论》,四部备要版,1:6b—7b。英译文见E.M.盖尔(E. M. Gale)《盐铁论》的英文译本,页18。
[3]许倬云:*Ancient China in Transition*,页116—119。

还有一排排的松树遮阳挡光。首都与东部沿海地区和长江流域,通过这种交通网络都联结为一。[1]司马迁指出,由于国家的统一,富有的商贾们在中国四处旅行,商品从一个地区流往另一个地区。对于自然资源的流动,既没有关税,也没有任何限制。[2]在统一的国家消除了战国时各敌对国家设立的壁垒之后,战国时期开始浮现的地区之间的依存关系,就发展成活跃的区域间贸易。[3]

区域经济的专门化,意味着有可能大规模生产某一特定产品。司马迁列举了一系列经济行当,它们给业主带来的回报,不少于一个被封地授爵的领主的收入,其中包括养殖牲畜、栽培果木以及各种园林经营等。[4]在另一处,司马迁又扩大了这一清单,进而包括粮食生产、皮毛制作、车船制造、木器家具制作、衣物织染、食品加工,以及各种中间经纪和信贷活动。他认为在这些领域,只要生产规模大,人们就可望得到丰厚的利润。[5]

尽管汉高祖制定了各种阻抑商人发展的法律,但在汉朝的

---

[1]《汉书补注》,51:2a—b。
[2]《史记会注考证》,129:16—17。
[3]同上书,129:4—5。并见影山刚《论汉代的经济观》,《和田博士七十寿辰纪念东洋史论丛》,页291—293。
[4]《史记会注考证》,129:31—32。
[5]同上书,129:34—36;《汉书补注》,91:7a—8b;英译文见伯顿·沃森(Burton Watson)《史记》英译本,2:494—495;及孙念礼《古代中国的食物与货币》,页434—437。

早期阶段,仍然出现了一系列容易致富的行当。司马迁列举了一些发家致富的成功事例,用以说明这些职业的价值。表4列出了这些秦、汉人借以致富的职业。

表4 致富者的行当

姓名	职业和活动
卓氏	冶铁,行贾
程郑	冶铁,行贾
苑孔氏	冶铁,规陂池
曹邴氏	冶铁,经商,放贷
刁闲	贩卖鱼、盐
师史	四处经商
任氏	储存、交易粮食,力田、畜田
桥姚	牧养马、牛、羊
无盐	放贷
诸田	经商
栗氏	经商
杜氏	经商

资料来源:《史记会注考证》,129:39—42;伯顿·沃森英译本《史记》,2:495—498;孙念礼《古代中国的食物与货币》,页452—456

看来冶铁与地区间贸易、对外贸易是当时获取巨额财富最常见的途径,这些行当也正是需要大量劳动力的领域。

对工商活动的限制

汉朝政府对商人的态度远远说不上友好。几乎在朝代建立伊始,兴盛的商人群体就受到了政治上的压制。汉高祖刘邦就禁止商人穿丝绸、乘车舆,并且为了限制和贬抑商人而提高了贸易税。在其后几个皇帝统治时期，商人及其子孙都不能在政府中任职。[1]

采取这些措施的动机，在汉初的文献中没有明确的记载。可能汉朝只是继承秦朝的律法，而这种律法是把士兵和农民作为国家支柱的。[2]但另一方面，秦国又的确出现过一些著名的商贾，如曾长期担任丞相的吕不韦。像巴郡寡妇清夫人这样的富豪，也确实得到了秦始皇的尊崇。[3]因此，有关汉朝由秦朝继承了抑商政策的推测，似乎不是令人满意的解释。也可能是商人的营利活动，引发了其他行业强烈的嫉妒和敌意。汉高祖出身农家，所以会实施这种体现了非商业行当中很多人共有的嫉恨心理的惩罚性措施。当然，汉王朝首先关心的是帝国的稳定，这就是S. N. 艾森斯塔德所谓的导致中央集权帝国衍生的那种政治领域内部的条件。艾森斯塔德又认为，作为帝国衍生的外部条件，在诸如经济活动这样的非政治性领域里，必须使资源"自由流动"，而不能让其被任何特定集团固定地把持。[4]由商业活动创造的财富，独立于政治体制之外，会成为一种由不受政治控制的商人群体所固定把持的资源，这是统治者不愿容忍的。

及至公元前2世纪中叶，在经历了一代人的相对和平之

---

[1]《史记会注考证》，129：30—34。
[2] 同上书，69：8—9。
[3] 同上书，85：1, 9；129：15—16。
[4] S. N. 艾森斯塔德（S. N. Eisenstadt）：《帝国的政治体系》，页26—27。

后,汉帝国开始感觉到人口增长带来的压力。如果帝国想保持安稳,就必须喂饱这些人的肚子。因此,在汉文帝(前179—前167)的朝廷中,最早意识到粮食短缺威胁的贾谊断言,粮食生产者相对于大量的消费者来说,实在是太少了,他敦促要使那些闲逛的、寄生的人回到务农的位置上。[1]与贾谊同时代的晁错更进了一步,他认定商业活动的易于牟利是诱使人们脱离农业这一生产性行业的罪魁。[2]日益明显的粮食短缺现象事实上极可能是与人口增长密切相关的,但在公元前2世纪中叶,它却这样被错误地归因于农业人口向商业领域的外流。这种误解为汉武帝统治时期摧毁私人贸易扫清了道路。

正如艾森斯塔德所发现的,中央集权帝国的统治者通常使用下述两种手段之一,来实现对资源的控制:或者直接积聚资源,或者鼓励社会上各种群体开发资源。汉武帝时期经常的对外战争、大规模的破坏、挥霍无度的奢侈,以及到泰山巡礼等,都耗资巨大,[3]随之而发生的财政危机,迫使朝廷不得不去发掘更多的资源。政府所采取的第一个措施,就是出卖爵位、头衔和允许以交付赎金来代替监禁或其他刑罚。[4]当时,洪灾和维持边疆防务的沉重负担使国库耗竭。同时,因伪币出

---

[1]《汉书补注》,24A:10—12a。
[2]同上书,24A:12a—15a。
[3]同上书,24B:6b—10b;孙念礼:《古代中国的食物与货币》,页241—265;吉田虎雄:《两汉租税之研究》,页180—194。
[4]《汉书补注》,24B:8a—9b;孙念礼:《古代中国的食物与货币》,页245—246;页252—254。

现而引发的货币危机,伴随法定通货的贬值而进一步恶化。通货膨胀虽然损害了政府和一般公众的利益,但是对商业界却没有影响——高利放贷和囤积居奇,反而为商人们提供了获利的额外机会。[1]于是政府开始介入私人工商领域。对获利极丰的盐铁业实施垄断,大概是政府在这方面所采取的第一个有力措施。[2]政府对盐铁实行专卖有双重动机:主要是需要钱财解决财政困难,其次才是要重申汉帝国政府的权威。富商巨贾和其他役使贫寒者的影响力日益增强,已成为一种不容忽视的威胁。《盐铁论》中有一段话说得很明白:国家专卖的主要目的之一,就是遏制富商日渐增长的影响,因为商人有能力聚集起大批的追随者。[3]

除了对盐铁实行专卖外,汉朝廷还采取了其他一些限制商贾的措施。公元前129年,皇帝下诏对商人的车辆收税,[4]这一举措可能与以前禁止商人穿丝绸、乘车舆有关。与此同时,政府又开征了一些商业税,[5]并于公元前120年针对商人和手工业者建立了更加完善的税制。依照新的税制,对车辆等交通工具仍然课以重税,而商人和手工业者拥有的财产也被按其价

---

[1]《汉书补注》,24B:10b—12a;孙念礼:《古代中国的食物与货币》,页264—268。
[2]《汉书补注》,24B:12b—13a;《史记会注考证》,30:22—23。
[3]《盐铁论》,1:13b;3:3a;《汉书补注》,24B:25b—26a。
[4]《汉书补注》,6:7b。
[5]《史记会注考证》,30:34。

值的6%征税。[1]不过征收财产税这一特别举措最为深远的影响，还是对检举他人隐瞒财产者给予奖励的做法。在开征财产税三年以后的公元前117年，一个名叫杨可的人被委任专门负责这类检举事宜，兴起了大规模的检举和惩罚；结果凡是被发现对自己财产估值报告不实的"中家以上"人家，都彻底破产了，他们的土地、奴婢和其他财产都根据皇帝的命令被没收充公。这类富人就包括当时文献中的"商贾"。[2]

有人提出，这一特殊的财产税会驱使商人将资本转投于土地，因为"土地不是新的财产税的征收对象"[3]。不过应当注意的是，这道公元前120年关于征税的敕令，同时禁止商人拥有土地，违者土地将被没收充公。看来在公元前120年之前，商人曾拥有土地，而且所拥有的地产如此之多，以致被认为危害了国家经济。此外，居延汉简上的财产登记既包括居民、奴婢、牲畜和车乘，也包括土地。[4]由此可见，土地是包括在财产登记中的，财产税的征收规定就是意在剥夺商人的土地，并将之转由政府直接控制。[5]

财产税使商人们吃尽了苦头，遭到摧毁的富人中大部分是商人，但其他富人恐怕也不能幸免。倒是政府的另一项措施是

---

[1]《史记会注考证》，30：24—25；《汉书补注》，24B：13a—b。
[2]《汉书补注》，24B：16a—b；《史记会注考证》，30：32—33。
[3]约翰·A.哈里森（John A.Harrison）：《中华帝国》，页144。
[4]鲁惟一：《汉代行政实录》，1：71，72。
[5]《汉书补注》，24B：16a—b；《史记会注考证》，30：32—33；73：16。

只打击商人,而不波及其他富人,这就是官府对贸易的介入。政府不仅垄断了盐铁,而且还买卖其他产品牟利,与私人行业进行大规模的竞争。[1]

在整个西汉和王莽当政时期,都存在着官府经营。在公元10年和17年公布的法令中,政府加强了对商业的控制,包括实行强制性的标准价格。不过,官僚体制的弊端,加上复杂烦琐的程序,使得这套制度对平民害多利少。[2]比较而言,10年的法令所规定的市场税,要远远低于先前向商人征收的财产税。市场税的税率是所得利润的1/11或9%,财产税则是本金的6%;而依据汉朝人的看法,当时本金通常所能获得的利润也就是6%。[3]市场税的存在表明,在王莽当政时期很可能已没有财产税。[4]东汉时期没有提到过财产税,而对商业利润可能仍征收1/11的税。这种税大概比农业税重得多,后者的税率通常是产量的1/30。我们不知道在公元前120年颁布禁令之后,商人是否一直被禁止拥有土地。不过在东汉初年,大约是公元26年至30年的一份奏折中提到,大量由富商占有的土地

---

[1]《汉书补注》,24B:19b—20a;《史记会注考证》,30:41—43。
[2]《汉书补注》,24B:19b—20a,24a—b,25b—26a;《史记会注考证》,30:41—43。
[3] 孙念礼:《古代中国的食物与货币》,页436—437。
[4] 财产税有可能在公元前113年已被取消(《史记会注考证》,30:37,尤其是其中的评论)。然而,《汉书补注》里却记载,前81年取消了酒的专卖,而政府的其他经济举措则一直延续到平帝时期(公元1—5年,《汉书补注》,24B:20b)。

被出租给佃农耕种。[1]很可能对商人拥有土地的禁令,只是在汉武帝在位期间得到了执行。更有可能的是,随着告缗令的废止,关于商人不得拥有土地的禁令也随之作废。[2]换句话说,商人在公元前120年以前的年代里曾向土地投资(这一事实可由公元前120年的诏令和公元前117年对商人土地的没收得到证实),而现在商业税与农业税之间的差距,又大得足以诱使商人将他们所赚来的钱转向土地投资,只要禁止拥有土地的禁令终止执行。[3]

因此,正如司马迁所指出的,最可靠的财富形式仍然是土地,商人们是"以末致财,用本守之;以武一切,用文持之"[4]。

土地被视为最受青睐的财富,大概不仅反映了人们所公认的真理,即土地可以永存不灭,而且还反映了一种实际需要。司马迁有一段详细的讨论,探讨了从事贸易活动的一般理论,他的基本思路就是强调粮食供求关系的重要,当时的人是将粮食视为基本商品的。[5]很可能这些商人感到有必要取得土地以

---

[1]《后汉书集解》,28A:3a—b。
[2]公元前113年一向被认为是取消财产税的日期,但事实上这也许只是结束鼓励检举虚假报税的做法的日期。有关文献中提到的是"告缗"(举报偷税),而不是"占缗"(申报税额)。
[3]如果前引哈里森的观点,意指在上述情境里,商人会将资金转向购买土地,那么他就可能是正确的。参见哈里森《中华帝国》,页148。
[4]伯顿·沃森译:《史记》,2:498—499;孙念礼《古代中国的食物与货币》,页462页。
[5]《史记会注考证》,129:8—9,13—14。

确保自己的粮食供给。司马迁宣称,从经商赚到的钱,可通过向"本"业投资而确保不失,所谓"本"业即指农业。[1]在汉代成功致富的人之中,至少有两个是靠经商赚钱,然后又购置了地产。[2]

因此,对工商业发展所施加的遏制,不仅降低了非农业活动吸收剩余劳动力的能力,而且还驱使资本转而购买土地这一农业发展最基本的资源。

国家打击豪强

在私人土地所有权随着分封制逐渐瓦解而确立起来时,土地便为权贵、富豪们所青睐,成为他们攫取和积聚的对象。赵国的将军赵括,就曾花费时间和金钱来寻求良田沃土。他们取得土地可以是通过购买[3],也可以是经由其他手段,如因统治者的赏赐,[4]或者凭借自身的影响力为普通人提供避税保护,从而控制他们的财产。[5]

秦汉实现统一后各种封国的解体,并没有完全消除与昔日诸侯有各种渊源关系的豪门望族的影响。正如增渊龙夫注意到

---

[1]《史记会注考证》,129:43。
[2]同上书,129:38,41;117:3。
[3]同上书,81:16—18。
[4]同上书,73:16。
[5]《韩非子》,17:13a—b。

的，在汉朝建立后的最初一百年间，昔日封建贵族的后裔，仍有不少是各地地方上的豪门望族。作为富豪，他们过着奢华的生活，有随从部属和雇用来的剑客听命效力，具有相当的权势。他们之间互相争斗，甚至还对地方官员施加威胁——例如，昔日秦朝贵族的后代仍保有很大的权势，以至于政府不得不委派最强硬的官员去治理这些秦朝贵族的昔日领地。[1]

汉朝建立后，新的权贵集团也开始利用他们的政治影响来发家致富。这些人都是汉朝开国时期几个皇帝的功臣或其后代。例如，灌夫并非军功卓著的武将，但他积聚了大量的家财和良田。司马迁在记述时暗示，灌夫的财富来自他对政治和社会关系的利用。[2]

在汉朝最初的三代期间，那些有功的文臣、武将及其后代控制了国家的政治舞台。例如，丞相的职位都由封侯者来担任——而汉朝初期能封侯的，都是那些因开国有功而受到册封的人及其子侄，或是皇亲国戚。[3]有关那些较次要朝官的职位，资料虽然不完整，但也显示了相似的情况。[4]尽管关于地方行政官员的记述很少，但似乎那些显贵集团也经常委派他们圈子里的人，充任各郡的太守或王侯封国的相，灌夫的经历就说明

---

[1] 增渊龙夫：《汉代郡县制的区域性考察》，《中国古代史研究》，页291—305。
[2] 《史记会注考证》，107：12，14，18，23。
[3] 《汉书补注》，19B：1a—20b。赵周是最后一个以功臣后代身份位居丞相的人，他担任丞相到公元前112年。
[4] 《史记会注考证》，129：38，41；117：3。

了这种情况，他既担任过地方太守，又做过朝中的高官。[1]

权贵集团中的功臣，在高祖皇帝时被封侯的达143人，吕后当朝时12个人封侯，文帝即位后册封了10人，总数共165人。[2]这些家庭，再加上他们先前的部属和亲戚（例如，灌夫父亲与灌氏家族的关系），构成了这个国家中最有影响力的权贵家族。尽管在地方上，地方首领一直在耀武扬威，但这些权贵家族却垄断了中央政府的职位。这两种人都有力量为满足私利而攫取大量的土地。[3]

虽然历史学家没有多少确凿证据支持上述推断，但汉代文献确实记载了穷人失去自己耕地的所有权，而富人占有大量土地的情况。尽管董仲舒没有具体说明是哪些社会集团攫取了农民的土地，但他们很可能就是那些有功的官宦及其后代。[4]

伯特·F.霍塞利兹扩展了阿尔蒙德提出的模式，利用它来说明经济绩效与官僚制结构之间的关系。他在讨论这一问题时注意到，一个社会的历史进程可以被看作要经历若干阶段：首先面临的是统一或整合的问题，其次是如何系统地实现目标的

---

[1]《史记会注考证》，107：13—14。
[2]《汉书补注》，16：1a—69b。
[3] 关于这两类势力之间的关系，见许倬云《西汉地方社会与中央政权之关系的演变：公元前206年—公元8年》，《社会与历史比较研究》，第7卷第4期（1965），页358—361。
[4]《汉书补注》，24A：16a—17a。

问题,最后是适应的问题。[1]

公元前2世纪的汉代中国,不仅面临着国家重新整合的问题,而且需要解决如何确定自身目标这一深刻的问题。在汉朝创立后的头50年中,至少爆发了五次内战。直到汉武帝在位时期,内部的争战才停息下来。在汉代早期五位皇帝统治时期,最野心勃勃的皇位争夺者是实权在握的军阀和被授予大量封地的皇家子侄。他们在与皇帝的军事冲突中纷纷落败,但皇权的统治仍未就此有效地扩展到地方一级,只是到了汉武帝即位后,情况才开始变化。汉武帝强迫富豪、显贵和各种"地方精英"迁离他们的家乡地区,以此连根铲除战国时期残留下来的势力。[2]

此外,郡守运用极端严厉的处罚手段剪除地方豪强的首例

---

[1] 伯特·F.霍塞利兹(Bert F. Hoselitz):《经济绩效的水准与官僚制结构》,载约瑟夫·拉·帕朗巴拉(Joseph La Palombara)编:《官僚制与政治发展》,页168以次,尤其页188。霍塞利兹在此用历史学的术语重新表达了G. A.阿尔蒙德(G. A. Almond)有关社会系统的功能模式,这一社会系统有四个功能部分,即模式维持、整合、目标分层与适应。参见阿尔蒙德《研究比较政治学的功能方法》,载G. A.阿尔蒙德、詹姆斯·S.科尔曼(James S. Coleman)合编:《发展中地区的政治学》,页3—64。也见霍塞利兹《经济政策与经济发展》,载休·G.艾肯(Hugh G. Aitken)编:《国家与经济增长》,页333以次。
[2] 许倬云:《西汉地方社会与中央政权之关系的演变》,页361—363,尤其注21;以及瞿同祖:《汉代社会结构》,页196—198。注意,虽然汉朝早已采取将战国贵族后代迁到长安附近定居的措施,但汉武帝于公元前127年仍然下令进行波及整个帝国的大规模迁徙。并见《汉书补注》,28B:2:51b。

事件，也发生在汉武帝统治时期。[1]这里我们应当注意，这些地方头领和精英往往是一些"侵小民者"或"兼并之家"。[2]

具有讽刺意味的是，一个地区里的豪门望族，可以既包括作为汉朝统治支柱的功臣集团，又包括颇让朝廷疑忌的旧日地方豪强。功臣集团成员的后代长期和皇帝分享着政治权力，但到了距离开国已至少有两代人时间的汉武帝时期，他们控制权力的时代结束了。皇帝和开国元勋之间，以及皇帝与其远房兄弟之间原来那种密切的关系，当时已经大大削弱。如此凭借非正式关系形成的结构已不再起作用，新承大统的汉武帝就不得不建立正式程序化的新结构，以保证政府的顺利运行。正是在这个时期，汉朝政府不得不转向其他社会群体以吸收新人充任各级官员，而旧时代的群体则无可挽回地衰落了。[3]

西嶋定生指出，汉帝国的体制逻辑，使得其必须追求对各个臣民的直接控制，政府不能容忍有任何其他社会力量介入统

---

[1] 瞿同祖：《汉代社会结构》，页200；许倬云：《西汉地方社会与中央政权之关系的演变》，页362。

[2] 瞿同祖：《汉代社会结构》，英译文献Ⅲ，19（页419—420），及Ⅲ，37（页439—440）。

[3] 彼德·布劳（Peter Blau）讲过一个有趣的例子：一位新上任的工厂经理，在缺乏前任经理借以了解工作情况的那种非正式联络渠道的局面下，解雇了先前的工人，代之以易于服从严格纪律管制的外地工人，从而建立了一种正式的科层制的管理方式。彼德·布劳：《韦伯学说的意义》，载迈克尔·T.多比（Michael T. Dalby）、迈克尔·S.伍斯曼（Michael S. Werthman）编：《历史视野中的官僚制》，页20—21。

治者与被统治者之间。[1]正因为如此，到了汉武帝当朝的最后两年（前88—前87），几乎所有因功封侯的人都被剥夺了领地和封号，对他们的贬谪常常只是基于一些极其琐屑的指控。旧集团消失得非常彻底，以致汉宣帝（前73—前49在位）发现那些功勋卓著的将军的后代，现在竟成了雇工或者仆役。[2]

由此可见，控制了地方的两类豪门望族，即昔日地方领袖的后代和汉朝前数位皇帝功臣的后代，很可能是眼看着自己的土地（如果有的话）被汉武帝这位至高无上的掌权者拿走了。

皇帝宠臣与权贵

具有讽刺意味的是，汉武帝时强大的朝廷一方面出于疑虑和忌恨，遏制了可能对皇权构成挑战的富豪、权贵们，另一方面却又培育出了同样会巧取豪夺百姓土地的权贵集团。其中最重要的就是那些朝廷重臣，那些可以直接行使或利用皇帝权威的政治人物，诸如外戚、宦官、宠臣、朝中文武高官、皇室子弟及其亲戚和后代等。这一集团发迹，依靠的是皇帝个人的垂爱或者由此而派生出来的权力。在某种意义上，它就是汉王朝的化身。

外戚和宦官尤为重要，因为他们通常是内廷的主要成员，

---

[1]西嶋定生：《中国古代帝国的形成与构造》。
[2]《汉书补注》，16：26—36。

而内廷实际上是皇帝的私人工作班子。以丞相为首的政府属于外朝。内廷是以皇帝的名义说话,因此权势更大一些。[1]事实上,在西汉时期,外戚中的主要人物无论拥有何种头衔,他们都常常可以操纵皇帝,至少也是皇帝面前的重臣。汉朝初期,吕后在其子惠帝去世后篡取了皇位,吕氏家族一度掌握了政权。从这时开始,外戚干政就成了汉代政治中的常规现象,一个前朝的外戚家族从权力的最高峰跌落下来,另一个家族则因女儿嫁给了当朝皇帝又走向权力。在西汉时期,这样的家族不少于10个(吕氏、窦氏、田氏、侯氏、卫氏、许氏、石氏、傅氏、丁氏和王氏家族),东汉时期则不少于8个(郭氏、马氏、阴氏、邓氏、窦氏、阎氏、梁氏和何氏家族)。这些家族中有一些,如王氏家族和梁氏家族,都曾通过左右皇帝的婚姻安排加强了与皇室的关系,得以一再返回权力中心。[2]

权贵们常常可以获取大量的土地,他们不是从皇帝那里得到赏赐的公地,就是将私人的土地攫为己有。[3]外戚们经常这

---

[1] 瞿同祖:《汉代社会结构》,页170—171,216以次;参见劳榦《论汉代的内朝与外朝》,《历史语言研究所集刊》,13(1948),页231—232,及王毓铨《西汉中央政府概况》,《哈佛亚洲研究杂志》,卷12(1949),页166以次。
[2] 霍光的夫人就是费尽心机,使自己的女儿在公元前71年成了皇后,她的计谋包括暗杀了当时的皇后(《汉书补注》,97A:22b—24b)。西汉末年控制汉廷达数十年的王氏家族,一再将自家的女子立为皇后(同上,99A:9)。东汉时期,梁氏家族在把持朝政时,也是依照自己的利益安排了皇帝的婚姻(《后汉书集解》,10B:5b—6a)。
[3] 《史记会注考证》,53:10—11。

么干是众所周知的,很可能由于赏赐公地给他们的情况过于常见,以致史书中都很少予以记载。不过,强行霸占土地的事情史书中倒是经常提及。窦婴和田蚡之间的冲突,就是早期的一个例子。这两个人都是外戚,又都做到了大将军和丞相,当田蚡正权势显赫时,窦婴已过着半隐退的生活。田蚡向窦婴索要一些肥沃的田地,遭到拒绝,恼羞成怒的田蚡就以莫须有的罪名指控窦婴,将其杀害。[1]在另一个例证中,一个王氏家族的成员谋称某块已经被他人租种的公地为己所有,把它高价卖给了政府。[2]

在东汉时期,外戚通常都是一些已经身居高位、家财万贯的望族。实际上,他们之中的大多数,在光武帝统一国家之前,就已经很富有、很有权势。光武帝的第一位夫人郭皇后的父亲,就是拥有价值数百万贯钱宅地的郭昌。[3]即使如此,东汉的这些外戚家族仍然要掠取财产。窦宪掌权时强占某位公主的土地就是非常有名的一个例子。[4]马防和其兄弟据说算是某外戚家族中最有良知的成员了,但他们也仍试图在京畿一带取得大量的良田。[5]

行使摄政权力几达20年(141—159)的外戚梁冀,因其

---

[1]《汉书补注》,52:5a—b。
[2]同上书,77:10b—11a。
[3]《后汉书集解》,10A:4a。
[4]同上书,23:11b—12a。
[5]同上书,24:20b。

在畿辅地区占有众多田地而臭名昭著。据史书记载，他把大片的土地用作狩猎场。由于洛阳一带的土地以肥沃著称，梁冀肯定是从原土地所有人那里占取了大量的耕地。不过，当159年梁冀失势后，他的财产随即被政府没收，林苑后来分给无地的穷人维持生计。[1]

宦官在宫廷里服务，与皇帝的关系十分密切。尽管他们是伺候人的，其生理缺陷又让人轻蔑和鄙视，但因其是皇帝身边的人，当皇帝的权力为其他权贵如外戚所篡夺时，宦官就成为皇帝可以与之结盟以夺回权力的唯一人选。宦官还充任皇帝的私人秘书，这也是他们借以影响政府日常工作的一个途径。[2] 到东汉时期，宦官郑众在公元93年帮助汉和帝发动政变，从国舅窦宪手中重新夺回了权力，宦官的地位就更强大了。[3] 此后，至少有五次，宦官在推翻外戚事实上的摄政之后，掌握了朝廷的最高权力。[4] 虽然宦官没有后代，但他们的家族乃至其收养的子女，也在权力核心构成了一个庞大的集团。在那些权势显赫的宦官的传记中，有一些关于宦官及其亲属贪赃枉法的实例。记载最详细的是侯览的列传，他在汉桓帝在位期间（147—167）一直掌权，并延续到172年。通

---

[1]《后汉书集解》，34：13a—16b。
[2] 瞿同祖：《汉代社会结构》，页97—101，及贺昌群：《秦汉间个体小农的形成和发展》，载《汉唐间封建土地所有制形式研究》，页175以下。
[3]《后汉书集解》，4：5b；78：3b—4a。
[4] 同上书，78：3b—4a。

过受贿和其他非法途径，侯览攫取了大量田地。169年，其家乡的地方官员报告说，侯览从他人手中至少占取了381所房宅和1.18万亩土地。当侯览当权时，他可能是其家乡最大的地主。[1]

借皇权而自重的还有皇帝宠幸的朝臣。虽然他们无法达到外戚和宦官那样的权势，但仍可以因受到皇帝宠幸而获取大量的财富。其中最著名的董贤是汉哀帝（前6—前1在位）的倖臣，他拥有的地产极多，以致他反对限田政策。[2]在那些地位低一些的宠臣里，也有人并非拥有皇帝所赏赐的土地，而是凭借自己在宫中和朝廷的影响掠夺土地。除了皇帝的宠臣，这类人也包括皇帝的乳娘、远亲等。[3]

外戚、宦官和宠臣如此地攫取土地，似乎反映了他们都抱有一种观念：即在享有皇权或能利用皇权时，通常总是要将这种影响力转化为持久性的土地财富。为了达到这一目的，他们或者是要求皇帝赐给他们公地，或者是从别人手中攫取财产。到汉朝末年，皇帝直接掌握的"公地"已变得愈来愈少，掠夺私人财产可能也就越来越多了。

权贵集团之所以有权力获取大量土地，是因为他们得到了某个皇帝的宠幸。由于朝廷里进行着权力斗争，某皇帝在位时僭取了权力的人，往往无法在下一个皇帝即位后保住自己的地

---

[1]《后汉书集解》，78：11b—12a。
[2]《汉书补注》，24A：20a—b。
[3]同上书，97A：10a—b；24B：13b；《史记会注考证》，126：13—14，21。

位。不过，也总有一些人能持续受到宠信，因而有机会运用各种手段掠取庞大的地产。撇开这类走马灯似的权力更替不谈，就任何帝王身边总是会有这些权贵集团而言，它们是持续存在的。

地方权贵

地方上的权贵，也就是那些能够利用社会政治优势建立起经济实力的人。这一类人是地方上的实力派，包括世袭的贵族和通过在政府任职而获得权势的地方精英，前者是被册封为王侯的皇室子侄，后者则是朝廷或地方上的官宦。这两个集团互相联手的情况并不少见。自汉朝建立以来，王侯的封地都是散布在各郡县等常规的行政单位之间。随着权力逐渐集中在皇帝手中，这些王侯被剥夺了管理封地的权力，他们的领地则由朝廷任命的相治理。被册封为王的，是刘氏皇族的成员，册封为侯的，是功臣或国戚，他们仍居住在被册封的地方，靠赋税收入生活。[1]尽管这些人没有实际的行政权力，但他们的贵族身份仍使他们在其所在地区有巨大的影响。他们既容易给自己弄到土地，收取地租，又可收到来自其领地的贡纳。史书上记载了这样的一个例子，光武帝的一个儿子刘康，受封于济南国。

---

[1] 不过，"关内侯"是一个特别的类型。他们没有专门的封地，待在都城里，由政府财政部门供给定额的收入。

公元83年，汉章帝（76—88年在位）将以前从其封国剥夺的领地返还给他。以后康王便开始聚敛财富，其中包括宅邸、奴婢以及800顷耕地。[1]

私人土地可以通过各种手段取得，买卖当然是其中之一，还有一种手段就是垦殖。宇都宫清吉对光武帝刘秀原来所属的舂陵侯家庭的经济境况，进行了一番很有趣的观察。舂陵侯的封地位于现在河南南部的南阳，不过是县下面的一个低级区划。最初被封舂陵侯的是长沙王的一个儿子，刘秀的四代前辈都离开了封地在外面做官。很明显刘秀和他的三代先辈都不是侯爵的承袭者，尽管他们仍然是这个侯爵家庭的成员。刘秀在年轻时，曾在一次赋税诉讼中出面代表这个侯爵领地。[2]刘家当时约有20位男性成员，似乎仍是一个共有财产的家族。[3]它被指控欠缴的税款包括粮食税和草秸税。根据有草秸税这一点，宇都宫清吉推断刘氏家族的财产包括一些新开垦的田地，因为只有对这种土地才不征收常规赋税，只征草秸税。欠缴的税按实物算，达2.5万斛谷物；宇都宫清吉推算，这应相当于自王莽篡汉以来10年的税额，他认为这一数额表明被征税的土地为250顷至313顷。由此，刘家除了原来册封的由467户舂陵属民耕种的200顷领地外，应当还有250顷至313顷的私

---

[1]《后汉书集解》，42：8a。
[2] 见上书1A：4b所引用的《东观汉记》。
[3] 宇都宫清吉勾画了舂陵侯的谱系，见其《汉代社会经济史研究》，页376。

有土地家产。[1]尽管舂陵侯家并不是舂陵地区唯一的封建领主，但其开垦和占有的土地大约占该地区全部可耕地的1/3。因此，舂陵侯也就是舂陵一带最大的地主了。

舂陵侯家的事情之所以有历史记载，是因为其中的一个子侄刘秀，东汉的开国皇帝。汉代这些被册封的贵族，包括像舂陵侯这样封地位于县以下单位的普通贵族，凭借他们从其领地获得的高额岁入，当然能够积聚起包括大量地产在内的巨额财富。由于全国遍布着数十个王的封国和数百个侯的领地，这种基于贵族背景的，因而是过渡类型的地主身份，很可能在汉代社会中普遍存在。他们中的一些人在因朝代的变更而失去贵族身份，或者因为与皇室的血缘关系疏远而失去了政治影响之后，应当很容易就成为单纯的富有地主。无论如何，他们从每个佃农那里收取的田租，要占到这个佃农一年收成的1/2甚至更多。这种收入确实要比每年只能向每个属民家庭抽取200钱的贵族强得多。[2]

在汉武帝时皇权得到充分的巩固后，地方首领逐渐转变为一种地方精英群体，成为朝廷选拔政府官员人选的来源。从汉文帝当朝时起，通过察举选拔官僚机构成员，逐渐成为一种固

---

[1] 宇都宫清吉：《汉代社会经济史研究》，页386—389。根据《后汉书集解》，欠税数额是2.6万斛谷物，而非2.5万斛；欠税时段从王莽废除许多汉代贵族头衔的公元10年算起，到20年，应是11年，而非10年。不过，宇都宫清吉的这些小错误，基本不影响他的推断，参见《后汉书集解》1A：4b注释中所引《东观汉记》的材料。

[2] 李亚农：《欣然斋史论集》，页960—963。

定的制度，并历经文帝、景帝和武帝时期而趋于成熟。[1]然而，那些权贵家族，通常可以对地方官员施加影响，垄断人才的举荐，推荐其子侄任职为官。结果就使整个家族在地方上权势日益显赫。[2]由于地方举荐名额是在整个帝国范围里分配的，每一地区都有自己的份额，因此借助控制察举而出现的地方权势家族，也就遍布帝国各地了。

在汉代，担任政府中高级职务的官吏的薪俸是相当丰厚的。根据宇都宫清吉制作的图表，汉代官吏的薪俸级别最高的是朝中大臣，为每月180斛谷物；最低的是小吏，每月为8斛谷物。公元106年时，谷物与钱的官方兑换率为每斛71.42钱。[3]因此，一个高级官吏的年收入超过了12万钱，而中级官吏的收入则是这个数字的1/3。就实际生产率而言，一亩土地年产量约为3斛谷物，最肥沃的土地其最高年产量是每亩6.4斛。由此可知，一个高级官员的年收入相当于720亩一般土地的收成，中级官员的年收入相当于240亩一般土地的收成。当然，农地的实际产量高低不等，可能与每亩3斛粮的标准相差很大。[4]

---

[1] 严耕望：《中国地方行政制度史》，第一部分，1：81—85。
[2] 瞿同祖：《汉代社会结构》，页180以下，页205以下。
[3] 宇都宫清吉：《汉代社会经济史研究》，页203以下，尤其见页213。这个推算与瞿同祖认为的每斗粮120钱的数字颇有不同（瞿同祖：《汉代社会结构》，页90）。瞿氏是依据《汉书补注》72：12a—b中的史料推算的。
[4] 关于1.5斛和6.4斛的生产率，见平中苓次《中国古代的田制与税法》，页147—156。关于每亩3斛的生产率，见《后汉书集解》，49：18a—b。

除了正常的薪俸，汉代的官员还可享有食品供应和一所官邸，另外还有来自帝王的各种馈赠和赏赐。因此，这些官员凭借个人收入即可积聚起大量的财富。贡禹就是一个很好的例子。他是一个受人尊重的儒生，耕种了130亩土地维持妻儿的生计，其财产登记的价值不足1万钱。在受到皇帝的召见时，他不得不卖掉100亩土地，凑足赶赴京城的路费。到了京城后，他被任命为中级官员，每月薪俸9200钱，后来又升了官，月俸最终达到1.2万钱。[1]这一个月的俸禄就已相当于他先前全部家产的价值。试想，一个几代人都被举荐为官的地方豪族，如果每个被举荐的人都能在政府中得到一个好职位，仅仅计算正常的俸禄，他们就可以积聚多少财富！有些时候，高级官员还被册封为贵族，获得领地，领地的收入就使这些家族更加富足了。博学多识的匡衡，本来只是牧猪人，封侯以后，他只靠自己领地的税收就累积了大量的财富。[2]在一个土地是最可靠的投资对象的时代，一个连续若干代人入朝为官的家族的出现，就很可能意味着一个地主家族的出现；薪俸等收入在各种开销后，余财会被不断地投入到地产的积聚上。除了购买土地，官僚们还可以利用他们的种种关系和影响，将公地转到自己的名下，甚至还可以强占弱小者的财产。裙带关系也促成了这些家族的世代延续，因为他们只从自己的圈子中选拔官

---

[1]《汉书补注》，72：12a—b。
[2] 同上书，81：10a—b。瞿同祖：《汉代社会结构》，英译文献Ⅲ，37（页439—440），及页92。

吏，特别是在东汉时期。[1]

地主制度的发展

在汉武帝统治之前，地主包括地方权贵、朝廷宠臣、军功贵族以及富商巨贾。汉武帝加强集权后，皇帝宠臣的地位依然如故，而那些原本属于地方性权势集团的地主，却通过察举制度被选拔到了政府中任职，从而融入汉朝的官僚体制。[2]商人的财产至少有一次（即汉武帝时期的那次）曾被帝国政权强行剥夺。为了生存，他们常常不得不与官僚甚至朝廷建立关系。例如，《货殖列传》中列举的富豪之中，有一个就是与朝廷中的权势人物联手，靠着他们的庇护发家。[3]反过来看，官僚也同样经商。例如，被罢免了官职的宁成，把投资土地视为有利可图的事情，借钱购买土地，租给佃农耕种。[4]同一家庭的兄弟之间也可能会进行分工，就像何武家的情况。何武及其四个兄弟都在地方官府任过职，其中至少有三个后来在朝廷中担任了高官，但五兄弟中仍有一人在他们家乡城镇的市场上注册经商。[5]

---

[1]瞿同祖：《汉代社会结构》，页93，174—175。
[2]许倬云：《西汉地方社会与中央政权之关系的演变》，页364—370。
[3]《汉书补注》，91：9a。
[4]《史记会注考证》，122：9。
[5]《汉书补注》，86：1b。

《四民月令》证明了同一个家庭里可以既有人做官，又有人当地主，还有人经营工商业，这些活动都被认为是上等阶层的正常事务。刘秀的贵族地主家庭与李氏、樊氏和阴氏等商人地主家庭联姻，反映了另一种财富与政治权力的结合。[1]

同时，贵族和官僚还可能是相互重叠的，因为贵族子弟中有许多也在政府任职。刘秀的曾祖父、祖父和父亲就都是地方官吏，又仍是舂陵侯家庭的成员。[2]受到皇帝宠幸的人出身各种各样，尽管他们可能并不是职业官僚，但自然会获得某种公务任命。到了西汉的后半叶，这些不同的社会集团相互融合，产生了一个富豪、学者和权贵三位一体的社会阶层。

权势人物之所以投资于土地，不仅是因为商业领域缺乏安全保证，容易受到政治上的压力（汉武帝当朝时的情况清楚地表明了这一点），而且还因为土地能给他们带来丰厚的回报。在汉代，土地税通常是每年收成的1/30，而从佃农那里收缴的地租却占到收成的1/2甚至更多。[3]土地税与地租之间的差额，就落进了地主的腰包。当人口增长时，土地的价格也会随着对土地需求的扩大而上涨。人们将从土地上赚到的钱，又投资于购买更多的土地。这种滚雪球似的进程，启动时需要一定的时间积聚能量，但是一旦启动，它的加速度就势不可当。似乎正

---

[1]瞿同祖：《汉代社会结构》，页243—244；宇都宫清吉：《汉代社会经济史研究》，页275以下。
[2]《后汉书集解》1：1b。
[3]《汉书补注》，24A：16a—17a，21a—b。

是由于启动时需要时间，所以土地集中趋势要在武帝采取剥夺富豪土地的举措一百多年之后，即哀帝时期，才足以产生社会危机。不过这场危机在后来不到20年的时间里竟达到了空前严重的程度，以致王莽不得不试图推行将全部土地国有化的激烈措施。[1]

东汉时，早在开国皇帝在位期间，政治权贵占有大量土地就已是一个棘手的问题。光武帝曾注意到他的亲戚和朝臣都拥有大量的土地。他试图在全国范围内进行一次土地丈量，但是遇到了各种各样的阻碍，许多地方官吏因未能完成任务而受到处罚。[2]

东汉时期的自耕农缺少土地，恐怕不仅是人口增长的结果，而且还反映了四处寻购土地的地主的胃口日益增大。因此在东汉，一个好的地方官将把很多精力放在开垦可耕地上面。[3]尽管这些模范官员大概是诚心诚意地想开发新土地给自耕农，但对新土地的强烈追求，仍可能是人口压力和地主购买土地的市场刺激共同作用的结果。

人们普遍认为，东汉王朝的建立，是具有地主背景的士子们共同努力的结果，而刘秀及其副手们是他们的领袖。[4]因此，

---

[1]《汉书补注》，24A：21a—b。
[2]《后汉书集解》，22：8a—b；1B：12b；13：12a；29：7a；77：4b；79A：9a。
[3] 同上书，31：7a—b；76：7b；79B：5a；52：13b。
[4] 余英时：《东汉政权之建立与世族大姓之关系》，《新亚学报》，第2卷（1956）；毕汉思（Hans Bielenstein）：《汉代的中兴》，《远东古物博物馆学刊》，第26期（1954）。

在那个时期，豪族权贵是适逢其会。他们不断地强化自己，发展成为一支重要的社会力量，构成了东汉的特征。[1]他们的经济利益，因其在政治上的绝对优势而得到保护。[2]

在整个东汉时期，没有在纠正土地分配不均上做出任何努力；甚至像西汉时期师丹和王莽所做的诸般努力都未尝试过。正如仲长统注意到的那样，形势正在走向危机。他哀叹少数人不受阻碍地在自己手中积聚财富[3]，但是他也希望自己能够拥有良田沃土，由佃农来耕种，以便有时间做学问。他的理想事实上反映的是一种上流阶级的生活。[4]

到了汉朝末年，土地集中的现象已变得极其寻常，以致荀悦这位大概是汉代最后一位提出限制田产的官员，感到自己陷入进退维谷的境地——恢复古代的井田制太不现实，对购置土地不加限制又令人难以接受。[5]

地主所有制发展到最后阶段，地主与佃农之间的社会分化就走向了两极化。虽然从理论上说，地主只应根据契约享受经济上的优势，但佃农事实上却被置于地主的完全控制之下。

---

[1]杨联陞：《东汉的豪族》，《清华学报》，第11卷，第4期（1936）；宇都宫清吉：《汉代社会经济史研究》，页393—396，及其《汉代豪族论》，第23期（1962）。

[2]瞿同祖：《汉代社会结构》，页203—204。

[3]《后汉书集解》，49：15b—16a。

[4]同上书，49：11a。参见白乐日（Étienne Balazs）《中国文明与官僚制》，H.M.莱特（H.M.Wright）英译，页214以下。

[5]荀悦：《申鉴》，2：7b—8a。

仲长统所描述的情况[1]，将不可避免地导致汉末出现的那种局面，即随着皇帝对个体臣民控制的瓦解，佃农成了地主的私人奴仆。在三国时代前夕，地方首领已能够指挥数百或数千的宾客、徒附。[2]当然，这种纽带超出了地主与佃农之间的经济关系，并预示了以魏晋时期等级社会为标志的另一种社会结构的出现。不过，在到达这一阶段之前，有些佃农仍是国家直接的和法律上的臣民；国家向他们征收赋税，同时为其提供保护，这种格局与领主庄园里的徒附仍存在着重大的区别。

结 论

在国家要消除逐利竞争的压力下，汉代社会工商经营的行当未能得到进一步的发展，这意味着早期中国经济中工商业的发展非常有限，而农业发展的环境相对来讲比较有利。在第六章中，我们将对农村中的非农业活动进行更为深入的讨论。从地主所有制发展中受益者，是中央和地方最有权势的集团。这一制度的发展，意味着农业开始被当成了生产和获取利润的主要途径。稀少的可耕地人均占有量会导致农作的精细化，以便

---

[1]《后汉书集解》，49：15b—16a。
[2] 这些奴仆称作"宾客"或"部曲"。例如，李乾有数千家宾客，他带着这些宾客加入了曹操的军队。李乾死后，这一武装群体由其侄子李典接替指挥。在靠近他们家乡的官渡之战中，李典及其部曲为曹操提供了粮食和衣物的支持。这些部曲显然还没有脱离务农，但他们却完全听命于李家。《三国志》，艺文书局版，18：1a—2b。

实现人们高产和盈利的愿望。大量的人口提供了充裕的劳动力,地主发财的欲望和农民(包括自耕农和佃农)在有限的土地上求生存的欲望,则为发展这种劳动密集型农业提供了强大的动力。

第三章　农民的生计

地　主

公元2世纪时崔寔所编撰的《四民月令》，为我们提供了一个地主生活的各种有趣的细节。[1]杨联陞和石声汉在分别对这部书的现存残篇分析研究之后，得出了相似的结论：《四民月令》描绘了乡绅在各种活动中所应遵循的方法和时间表，他们靠农业供养一个大型家族，并靠出售剩余农产品和手工制品增加收入。[2]它的内容分为八类：（1）教育、祭祀和社交活动；（2）不同时令的农活；（3）关于蚕桑、衣服裁制、洗染、缝补

---

[1] 崔寔的生平包括在其祖父崔骃的列传里，但没有精确的生卒日期（《后汉书集解》，52：14a—18b）。石声汉推算，崔寔可能出生在公元103年，重要的活动时期是145—167年，卒于171年（见石声汉：《四民月令校注》，页79—88）。《四民月令》可能是150年前夕写成的（见上书，页84—92）。
[2] 杨联陞：《从四民月令所见到的汉代家族的生产》，《食货》，第1卷，第6期，页8以次；石声汉：《四民月令校注》，页89。

等;(4)饮食制作、酿造和食物储存;(5)房舍修建和水利建设;(6)野生植物,特别是草药的采集;(7)家什的保养维护;(8)卫生用品等杂项什物的买卖。

该书的作者崔寔,是一著名官宦世家的成员,其家族谱系如下:

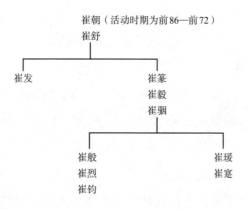

崔朝开始进入仕途时只是地方官府的一名属员,以后在朝廷中官至侍御史。崔氏家族的几代人都是从地方官府属员做起,最终又都到朝中做了高官(崔毅是个例外,他因病从未在官府中任职)。崔寔作为孝廉被举荐入朝,做了一名朝官,曾短期在主政的大将军梁冀手下担任幕僚。后来他被派遣边地担任郡守,又因病返回京城。其母去世后,他赋闲在家度过了晚年。虽然崔寔的堂兄崔烈十分阔绰,曾花费500万钱谋求司徒高位,但崔寔并不富有,虽然他的父亲生前高朋满座、生活豪奢,而崔寔又因父丧耗费甚多。他死时已是穷困潦倒,以致家人连一口棺材都买不起,后来还是朋友们为他买了棺木,并支付了丧葬的开销。[1]

窘迫的经济境况，使崔寔不得不靠酿酒、制酱出售来增加收入。《四民月令》中关于制作各种酱醋类食品的详细记述，表明了崔寔非常注意这一行业。看来这部书是一部纪实之作，而不像后来某些农业百科全书那样更像是理论上的探讨。例如，这部书既记录了崔寔对酱醋类食品销售情况的了解，又说明了什么样的时机买卖谷物、缣帛能够获利最大。[2]

《四民月令》中的农业庄园，可能包括一个庄主的家庭，再加上几个附属性的庄户，只是我们不清楚这些庄户是崔寔的成年子女的家庭还是佃农的家庭。[3]《四民月令》描述了一个农业庄园在不同季节所从事的活动，其中的劳动力既包括主家的家庭成员，也包括那些仆从身份的人。尽管书中没有明确提到干活的人是奴婢、用人还是雇工，但我们可以直接或间接地推断出，主家的妇人和子女是和他们一起工作的。《四民月令》中提到，子女中15—20岁的"成童"只是在"农事未起"的冬季才去上学读书；显然，这些人是主家的子女，而且他们得积极地参与农活。尽管是在某种监督之下，但似乎有些工作是由某一家庭单位专门负责的。每年三

---

[1]《后汉书集解》，52：1a—19b。
[2] 同上书,52：18a；《四民月令》。杨联陞：《从四民月令所见到的汉代家族的生产》，页10。亦见西嶋定生《中国经济史研究》，页54—56。
[3] 杨联陞将其中所描述的各种做工的人都理解为奴婢（《从四民月令所见到的汉代家族的生产》）。然而，诸如"缝人""典馈""蚕妾"等字眼都不过是借以指称这些人从事的劳作，并没有什么别的含义。

月是人们忙于养蚕的时节,《四民月令》写道:"蚕毕生,乃同妇子以勤其事,无或务他,以乱本业,有不顺命,罚之无疑。"这段话表明了有些家庭从主人那里接受指令,专门负责蚕丝生产。

正如《四民月令》所记述的,主家的家长是受过教育的乡绅,每逢年节,他要向地方官员、教师和自己的上司问候、请安;他要参加符合其社会地位的宗族聚会、祖宗祭祀、男子的成年加冠等仪式。他的子女都受到良好的教育。除此之外,他还是地方上的首领,负责照顾穷人,特别是其家族成员,还要组织、武装当地的男丁以提防盗匪。

宗族组织的力量看起来很强大。每当元旦和其他节日,同一曾祖父的后代都聚集一堂,共度佳节并祭拜祖先。宗族成员在困难时期会得到同宗族人的优先救济。每逢年节,各种活动事宜都是由族长主持,由宗族成员按特定分派协助进行。不过,一个家族中各个成员的经济状况可能会有所不同:有些人可能很富有,能够施助于他人;还有些人可能很贫困,只能受助于人。[1]《四民月令》很清楚地显示,一个血缘集团因其所具有的政治联系、经济实力和内部团结,而对一个广大区域中的居民可能产生的潜在影响力。《四民月令》中所记述的乡绅,大概代表了数千个这种散布在汉代中国各个州郡的地方精英家

---

[1] 崔寔的经历证实了同姓血缘群体内部存在着贫富分化。不过,引人注意的是,崔烈虽然富有,却并未对崔寔给予资助,崔寔的安葬靠的是几个朋友的帮助。

族。他们既不是可以脱离实际农业生产的极其富有的地主,也不是普通的农户,因为他们的生活要比单纯的农民舒适得多、复杂得多。他们的社会地位和政治角色相互强化,使其在地方社群中一直保持着享有特权的地位。

光武帝的外祖父樊重,和被罢官后购置了大片田地的高官宁成,代表了两种不同类型的地主。樊重与崔寔不同,他拥有大量的地产和无数的仆人与奴婢,但他是否有佃农不是很清楚。历史学家注意到,樊重能够使整个家庭高度自给自足,以至于自己种有梓树和漆树,以便在家中自制家具。[1]虽然樊重比崔寔富有,但他也同样做一些生意。

宁成也是个经营牟利的人,他借钱向土地投资。不过,樊重自己直接管理农事,而宁成则是把土地出租给数千名佃农耕种。[2]即使是樊氏家族,也不会只将控制范围局限在自己的庄园里。在一次突发事件中,附近的一千多户人家就躲进了由樊氏家人和族人修建并护卫的寨堡里。[3]

这些事例说明了汉代农村头面人物的特点。守屋美都雄指出,《四民月令》所列出的那些活动,实际上在现存古代早期

---

[1]《后汉书集解》,32:1a—1b。
[2]同上书,22:8a—b。
[3]同上书,32:2a。注释所提到的《后汉书》这一段在记载武器储存时可能说的就是这次事件。

的历法中，都是由国君监督或遵从的仪典和活动。[1]很明显，这些地方精英认为自己是在实践儒家学说的古老教诲。西嶋定生根据这一观察推论说，汉代出现了贵族仪典大众化的趋势，这些仪典扩展到了普通百姓的层面。[2]

在上述樊家和崔家这两个实例中，地方性领导地位的关键都在于这些领导人与其族人和亲属的关系。地方领导人为那些遇到困难的人提供帮助和支持，而其亲族则在有必要结成武装集团保卫家园时服从他的指挥。诸如祭拜共同祖先这样的宗教仪式，以及聚会欢宴等社交往来，都是宗族群体借以加强团结的活动。[3]这些强宗大族依仗由相互帮助而得到强化的群体力量，占有经济上的优势，使得自己能够世世代代存续下去。[4]

到了王莽时代，宗族群体演变成了地方武装集团，它们占村立寨，形成实际上的自治组织。那些响应反对王莽政权起义的集团，常常就是数以千计的宗族群体。在东汉时期，社会发生动荡时，世族大姓一次又一次地显示出他们的力量，特别是在东汉末年，当国家因动乱和内战而陷于四分五裂的时候。地

---

[1] 守屋美都雄：《中国古代历法研究》，页16—18，尤其页18。守屋美都雄把《四民月令》中描述的生活，与《礼记》的《月令》、《大戴礼记》的《夏小正》等经籍中描述的相应生活做了一个很有趣的比较。他没能比较商业活动或日常起居，因为经籍里缺乏这方面的材料。

[2] 西嶋定生：《中国经济史研究》，页26以次。

[3] 见《四民月令》，及《后汉书集解》，32：1a—1b。

[4] 瞿同祖：《汉代社会结构》，页26以次。

方首领将族人组织起来,加入某一特定的阵营,并保卫自己的地盘不受外人的入侵。[1]

可以调遣宗族力量的地主,当然拥有相当大的经济潜力来扩大其农业经营。在需要投入劳力和大量资金的新土地开发上,尤其可以显示他们的这种能量。要把布满荆棘草木的土地改造成良田,得经过三四年没有收获的时期,这一期间有没有资金应付就至关重要。在垦殖期间,不仅需要雇用劳动力,而且还要购置价格昂贵的大型工具和牲畜。[2]只要有资金,地主们还可以直接购买土地,或者也可以因借贷人还不起本利而没收抵押物,间接地获取土地。当然,并不是所有的地主都追逐放贷所能带来的这种好处。樊重就曾命令将价值高达数百万钱的债务文契付之一炬。[3]但是这种情况并不常见,恐怕大多数地主还是会占取债务人的土地。

放贷利息是地主收入的又一个来源。在王莽当政时,政府贷款的年利率曾一度高达36%,但汉代借贷的年利率通常是20%。[4]公元1世纪时的学者桓谭注意到当时高利贷现象的普

---

[1] 余英时:《东汉政权之建立与世族大姓之关系》,《新亚学报》,第1卷第2期(1956)。徐复观:《周秦汉政治社会结构之研究》,页327—339;瞿同祖:《汉代社会结构》,页31—32,202—209。

[2] 天野元之助:《试论汉代豪族的大土地经营》,《泷川博士六十寿辰纪念论文集》,一,页13—14。虽然天野元之助引用的是6世纪时编写的《齐民要术》,但汉代的技术水平与这本书记载的情况大致一样。参见石声汉《齐民要术今释》,页3,1.2.1—1.2.3。

[3]《后汉书集解》,32:1a—1b。

[4] 德效骞译:《汉书》,3:300,497,533—534。

遍存在,他说,很多富人通过放贷的手段投资于土地,而一些中等人家的子弟则充当保人,为了分享一点利益,像奴仆一样为富人做事。[1]

佃农和其他农业劳动力

在地主田地里干活的劳动力,有几种不同的类型。雇工,包括长工和短工,也许是最常见的劳动力。另外还有奴婢。也许雇工比奴婢更受欢迎一些,因为购买奴婢意味着要在交易的当时一次付清资金,而雇工的工钱则是每隔一段时间才付一次。[2]

蓄养奴隶的成本似乎只涉及粮食的消费,因为对奴隶不需要支付工钱。[3]我们甚至可以想见,当进行大规模土地垦殖时,

---

[1]《后汉书集解》,28A:3a—b。
[2]汉代奴婢的价格从5000钱到2万钱不等。宇都宫清吉:《汉代社会经济史研究》,页254—255,注10。对当时偏重佃农而不是大规模采用奴婢的缘由,天野元之助与牧野巽有过争论。牧野巽认为,人口的增长、经济的凋敝、奴婢价格的昂贵、犁耕的普及等,都是促进佃农制发展的因素。天野元之助不同意这种假说。参见牧野巽《汉代犁耕法进步的历史意义》,《东西学术研究所论丛》,第10卷(1953),及天野元之助《评中国古代史家的诸种观点》,《历史学研究》,第180期,页36。然而,我觉得奴婢价格的昂贵是会阻碍大规模奴隶制的发展的。
[3]宇都宫清吉推算,耕种1000亩地需要20名奴隶,他们一年要吃掉530斛谷物。另一方面,根据他的推算,10家佃户自己交租后可以留下的谷物份额的情况是:如果2/3交租,则佃户可得的一般是1320斛;如果一半交租,则佃户得的一般是1980斛。宇都宫清吉由此推断,对主家来说,在佃农租额为2/3时,使用不支付工钱的奴婢有60%的优越率;在佃农租额为1/2时,使用奴婢就有73%的优越率。(转下页)

需要使用大量的劳力砍伐树木、修建沟渠,也需要使用价值高昂的大型工具;在这种情况下最经济的手段就是利用无偿劳动(奴隶),或许也包括雇工。一旦荒野被整治为可以生长常规作物的农田,中国农业对密集使用劳动力的需要,就会使佃农成为一种优先的选择。[1]

在上述观点中,奴婢使用中一些至关重要不利因素被忽略了。地主必须花钱买奴婢,还要维持奴婢的生计、提供住房和衣物等。除了这些,地主还必须承担工具、种子和牲畜的费用,以及全部生产风险。所有这些加起来,就是一笔很可观的开支,而地主此外还要承担各种各样的责任。这样看来,使用佃农就比较有利了。至于如何看待在大规模土地垦殖中使用奴婢有优势的论点,其实开拓新土地更多的是一项持续性的工程,每年增加一点儿可耕地,而且是在农闲的时候完成这些工作。这种事情不需要动员大量的劳动力。

此外,当时丰富、廉价的劳动力供给削弱了在生产上大规模使用奴隶的必要性。使用自由人进行生产劳动的好处之一,就是只在工作需要时雇用他们。从主家的观点看,当奴婢生病

(接上页)见《汉代社会经济史研究》,页301—309。他随后承认,尽管租佃制有这样统计学上的不利,但因为无须监督,也无须像购买奴婢那样要一次性地付出大笔资金,所以它仍然被认为是合算的(同上,页308以次)。
[1]宇都宫清吉认为,垦殖新的土地需要迅速动员大量的劳动力,而这在佃农制下更为容易。见《汉代社会经济史研究》,页309—315。这一论点与天野元之助的论点正相反,见天野元之助《试论汉代豪族的大土地经营》,页5—13。

或无工可做时，他们就变成了一种没有收益的投资。[1]

尽管在农业生产中有使用奴婢的情况，但地主所有制与大规模使用奴婢之间的关系究竟如何，还远不是那么清楚。只要地主的土地是通过兼并很多小块农地而累积起来的，那么这些分散的土地就只能靠径直出租给佃农来获利。[2]

因此，地主面临着两种选择：或者将土地集中在自己手里，形成大庄园的形式，组织和监督奴婢或雇工来耕种；或者将土地分成小块，租给佃农耕种。这两种方式可能同时被采用，但是没有足够的材料表明两者之间的确定比例是多少。我们可以根据当时的评论推断，使用佃农比使用奴婢更为普遍。仲长统曾描述说，一个富豪拥有奴婢千群，"徒附"万计，这些"徒附"可能就是佃农。[3]崔寔在其《政论》中写到，当时有一个从属的群体，他们依附于豪强，只有有限的独立性，但他们却又连奴婢可以指望从主人那里受到的那种保护都得不到。[4]这两个人提及的这批从属的、被支配的人，佃农都是其主要成分。要不是佃农在农村人口中达到了相当的比例，无论是仲长统还是王莽都不会提到沉重的地租给农民带来的困苦，这些地租高达农民年收成的1/2甚至2/3。[5]

---

[1] 韦慕廷（C.Martin Wilbur）：《中国西汉时期的奴隶制》，页203—204。韦慕廷还推测，奴婢大概在汉代中国总人口中不到1%（同上，页176—177）。
[2] 同上书，页212—215。
[3] 《后汉书集解》，49：13b。
[4] 《全后汉文》，46：10b。
[5] 《史记会注考证》，30：34；《盐铁论》，1：13b。

关于汉代佃农的人口数字，我们只能做出一个粗略的估计。在汉武帝时期，政府向人们抽征财产税；财产所有人若报税不实，将被指控为违抗法令，处罚是将所涉财产的1/2没收充公，另外1/2作为奖赏归举报人所有。根据记载，这一做法导致了大多数中产之家的破产。在一个大县，被没收充公的土地可达到几万亩；而在一个小县，被没收的土地有1万多亩。[1] 如果被没收的土地接近一个县富人地产的一半，那么在翻倍之后可以计算出在一个大县中，富人的地产至少有10万亩；在一个小县中，富人的地产为数万亩。也就是说，这些土地才是由佃农或者雇工和奴婢来耕种。如果这些土地全部租给了佃农耕种，每个佃户租耕50亩——即维持生计所需的农地面积，那么一个县的佃户少的不足千户，多的数千户。不过，一个县的人口一般都超过1万户，人口最多的县为4万户到8万户，人口最少的县为3000户到5000户。因此，佃户人数不大可能超过总人口的20%。[2] 其他的土地可能都属于以自

---

[1]《汉书补注》，24B：16a—b；《史记会注考证》，30：32—33。
[2] 让我们计算三个虚构的县的佃农数。个案A是大县，总人口是5万户，佃农种的土地为10万亩（这比《汉书补注》24B：16a—b，《史记会注考证》30：32—33所说的最大额多3倍），佃户人口则以10万除以50，是2000户；个案B是小县，总人口是3000户，佃农种的土地为2万亩（即史料所说的"多于万亩"），佃户人口则以2万除以50，是400户；个案C是中小型的县，总人口是1万户，佃农种的土地为10万亩（这比《汉书补注》24B：16a—b，《史记会注考证》30：32—33所说的最大额多5倍），佃户人口则以10万除以50，是2000户。这样，各县佃农占总人口的比例大约分别是4%、13%和20%，必须注意的是，这些数字已经是将佃农的数额尽量夸大了。

家劳力耕种小片农地的自耕农。上述的估算肯定是很粗略的,只能将其视为一种合理的估测。这里面可能会有很大的误差,同时各地区之间也存在很大的差别。

自耕农和小规模农作

当然,拥有大部分土地的自耕农的人数及其地产的规模,仍有可能因时因地而有很大的差异。在文字记述中,我们可以找到贡禹做例子。他拥有130亩土地,价值不到1万钱,在他看来,自己是一个贫苦的农民。[1]当然,是否富有的标准因特定地区土地价值的差异而有所不同。居延汉简中至少有两条财产登记的材料。一条记述了礼忠的财产,他有500亩土地、一所宅院、三个奴婢以及牲畜和车辆,价值15万钱。[2]另一条记载的是徐宗的财产,他有50亩地、一所宅院、两头牛,价值1.3万钱。[3]应当注意的是,礼忠可能是用三个奴婢(两男一女)和大牲畜耕种他的500亩地。同时应注意,徐宗家中有四个并非直系家庭成员的亲属。由于徐宗是一个低级军官,相对贫穷,因此,那些亲属不大可能袖手靠其供养,他们大概是作为劳动力而与徐宗一起生活。作为边疆驻军家庭,礼和徐两家可能既得到官方配给的口粮,又可以得到薪俸。不过,由奴

---

[1]《汉书补注》,72:12a—b。
[2] 鲁惟一:《汉代行政实录》,1:72。
[3] 同上书,1:71。

婢和非直系家庭成员构成的劳动力从事的农业劳作,仍可能是他们收入的一个重要来源。

农户的工作确实多种多样。在汉朝时的农村,农户不仅要干农活,还要从事牧养牲畜、种桑养蚕、采摘果实、捕鱼打猎,甚至买卖交易等工作。农民实际上得在地里和家中生产和制作一切物品。除农耕以外,农户们还可以兼任木匠、泥瓦匠、织工、裁缝以及商贩等。公元前1世纪中叶,王褒以主人与一位僮奴订契约的形式,作了一首语调诙谐的《僮约》,里面提到了一个农家所要从事的大量活动。整个作品是夸张的,因为要让任何一个单独的农家实际从事这全部工作都是不可能的,更不要说任何单个的奴婢了。不过,它确实为我们提供了一幅全景图,使我们了解许多与农作有关的活动。当然,农家愈小,真正农活之外的活动也就愈少。[1]

《四民月令》和《僮约》所反映的汉代农作的紧张安排,表明一家农户的工作负担十分沉重。晁错在他那著名的上书中,记述了一个农民和他的家庭为了生计,需要付出多么艰辛的劳作。[2] 人们估计,一个中等境况的农民应当能够养活七个人。[3]

---

[1]《全前汉文》,42:11b—12b。
[2]《汉书补注》,24A:12a—15a。
[3] 同上书,72:13a—b。宇都宫清吉推算,种100亩农地,需要4.8个劳动力,或者是两个劳力带一头牲畜(《汉代社会经济史研究》,页303)。有些学者怀疑上述例子中的三个奴婢可以作为劳动力参加农业劳作,理由是婢女没有体力种地,而两个男的又太小,没有什么作用。这种观点似乎缺乏说服力,因为同今天中国的情况一样,妇女和未成年者在汉代实际是干农活的。参见黄烈《释汉简中有关汉代社会性质诸例》,《历史研究》,第6期(1957),页67—68。

农户的支出

在农地上有大量劳动力劳作,也就意味着农业产出中的一大部分将被这些劳动力自己消费掉,只有相对很小的一部分可以用于其他方面的开销。据《汉书》中引用的先秦(战国)时期一家小农的收支账的情况,它在平常年景时也入不敷出,赤字约相当于其年收入的10%。[1]到了晁错那个时代,情况仍完全一样。[2]

让我们在此设定一个虚构的农业家庭,并计算一下它的收入与开销。假定这家人是自耕农,拥有70亩耕地;[3]该农户将使用自家的工具、种子和劳力等。家庭由五个人组成:[4]家主,40岁;家主之妻,36岁;一个老人,56岁;还有两个孩子,即一个20岁的儿子和一个18岁的女儿。家庭开销计有三类:(1)家庭消费,包括食物和衣服;(2)赋税,包括土地税、人

---

[1]《汉书补注》,24A:7b—8a。
[2] 同上书,24A:12a—15a。
[3] 最常见的假设是一个农户有100亩地(见晁错、董仲舒等的言论),这种理想化的假设源于那些关于古代井田制的说法。实际拥有土地的数额,当然是多种多样,差异很大的。
[4] 这个虚构的农户人员情况,依据的是第一章表3马乘风所给出的平均农户规模。它也与晁错有关一个五口之家至少有两个成年劳力的说法(I,3)吻合。就这里虚构的案例而言,祖母与孙子总有一个可以算成年劳力。当然,实际的农户人口情况是千变万化的,见宇都宫清吉《汉代社会经济史研究》,页405以次,及许倬云《汉代家庭的大小》,《庆祝李济先生七十岁论文集》,页789以次。

头税等;(3)社会活动支出,包括宗教祭祀和亲族聚会等。[1]

关于汉代食品消费的情况,各种不同史料的估测不尽一致。据记载,战国时期的论者李悝估计每人每月食用1.5石谷物。[2]如果粮食是带壳的粟谷,容积量则为2.5斛。[3]在公元前61年首次提出屯田建议的赵充国,报告说一支10281人的军队每月食粮27363斛,约每人每月2.66斛。[4]另一个文字资料是崔寔的文章,里面说两个成年男子每月需6斛粟为食,平均每人每月需要3斛粟作为口粮。[5]

汉代关于屯边驻军的资料,为我们提供了有关口粮供给的第一手信息:一个士兵每月的口粮是3.33石重量的粮食。不过

---

[1]天野元之助也做过类似的尝试,想推算出一个农户的收支情况,但他没有进入细节。参见氏著《评中国古代史家的诸种观点》,页35。
[2]《汉书补注》,24A:7b—8a。
[3]孙念礼:《古代中国的食物与货币》,页365。同样重量的不同粮食,容积各不相同(同上书,页138—139,注105;页140,注108;页364)。1石重量的粟谷体积相当于1.65斛,是依据汉代文字材料计算出来的。据记载,1石重量相当于20斗稻谷或16.5斗粟谷,而16.5斗粟谷能产出10斗小米,即汉代容量单位的1斛。同上书,页365。
[4]《汉书补注》,69:10b—11a。鲁惟一(Michael Loewe)引用了另外两个军粮的例子。一个是严尤在一次讨论出击匈奴的远征时对军粮消耗的推算,是每人300天的粮食供给需要18斛的"糒"(《汉书补注》,94B:19b)。鲁惟一:《汉代行政实录》,页70。将严尤的估测折算一下,等于每人每月要1.8斛小米,李悝的估测折算等于每人每月1.5斛小米。这两个数字都比2.66斛要少。然而,应当注意到,无论是糒还是去壳的谷物,体积都比未去壳的谷物要小。如果我们将10:16.5作为小米与粟谷的体积比的话,则前面例子的体积应分别是3.13斛和2.48斛。
[5]《政论》,见《全后汉文》,46:9a—9b。

这里用的度量单位是"小石",它只是"大石"的3/5。如果换算成容量,它相当于4斛谷物,比崔寔提出的数字稍高。[1] 在永久性生活在边疆地区的士兵与临时驻防的士兵之间,在普通成卒与流放的罪犯之间,似乎待遇上都存在着差别。前者的口粮要比后者多,对后者的口粮有一定的折扣。[2] 不过,配发给士兵家属的口粮也要少一些。一个成年家属(15岁以上)配发2.16石谷物;一个未成年家属(7—14岁)是1.66石,幼儿(6岁以下)则是1.16石。有一个例子,是一个1岁的幼婴配发了0.8石的粮食。[3] 如果换成容量单位,成年家属、未成年家属和幼孩配发的口粮分别为2.1斛、1.2斛和1.1斛。这些数字

---

[1] 鲁惟一:《汉代行政实录》,MD8,页75—81。从重量到容量的换算,是根据1.65×3/5×3.33的比例计算的。关于小石与大石之间的比例,同上书,页321—333,及页330,注15。劳榦:《大石与小石》,《大陆杂志》,第1卷第11期。曾有人提出,大石与小石的差异在于,去壳粮的重量用大石,带壳粮的重量用小石,见陈公柔、徐苹芳《关于居延汉简的发现和研究》,《考古》,1960年第1期。因为在汉简中记载有小石为大石的60%的换算比例,所以这种解释似乎说不通。

[2] 杨联陞对王国维所说的汉代士兵每人每天一律6升粮的观点提出质疑,他认为:有两种不同的等级,其中一种是每天6升去壳粮(即每天1.8石去壳粮或3石带壳粮);较高的这种等级是给长期驻扎在哨所的军官和士兵的,而较低的那级是给罪犯、驻扎在屯田地区的士兵以及短期到边疆服务的官兵的。见杨联陞《中国经济史上的数字与度量单位》,载氏著:《中国制度史研究》,页83,注31。

[3] 鲁惟一:《汉代行政实录》,MD10,页86—91。MD10中的数字是按照每个个人分别给出的,而MD9却给出了粮食供给的总额。这一总额数字与各个个体数额的总和不吻合。参见同上书,页82—85。

接近文字材料中提出的每人3斛的标准。[1]

将文字材料和居延汉简所提供的信息结合起来,我们可以多少有些武断地假定:一个成年男子一个月的粮食消费量为3斛,一个成年家属为2.1斛,一个未成年人为1.2斛。据此,我们在上面虚构的那个五口之家,每个月要消费粮食11.4斛,或者说每年约消费140斛粮。

衣服的成本开销很难估计。李悝主张,每人(每年)需要用于衣物的开支为300钱。由于李悝是以每石30钱计算粮食价格的,因此我们可以推导出这个家庭每人衣物开销为10石粮的价值。[2] 屯戍史料中记载的各种物品的价格显得很杂乱。有关地区之间的差价,长期与短期的价格波动等因素,都是我们不了解的。一般来说,虽然上等丝绸的价格可能高达每匹1000钱左右,但麻织物或较便宜的丝绸价格却是每匹300—

---

[1] 这些不是汉简中仅有的关于粮食供给的记载,鲁惟一将其他有关粮食的记载分别收入了另外两组简牍中。UD4提到一个兵士每月有2石大麦(或小麦),而W2中却提到了每"亭"单位的粮食总额,这样平均值就显得很不一致(同上书,页192,317以次)。

[2] 孙念礼:《古代中国的食物与货币》,页141。

400钱。[1]如果每个人需要用两匹麻布做衣服,五口人每年用在衣服上的开销大约为3000—4000钱。

居延汉简还间或记载了一些屯边兵士之间买卖成衣的价格:一条裤子售价80钱,一件布袍1400钱,还有一件布袍则卖了1300钱。在这次交易中,买方似乎拿不出现金来,因此立了文契并找了证人,双方同意以后再付钱。另外还有五份契约,内容或者是规定买方必须遵守的事项,或者是日后偿付债

---

[1] 陈直:《两汉经济史料论丛》,页68。陈直从劳榦《汉简中的河西经济生活》里引用了下述布帛价目:

布帛	总价(钱)	每匹单价(钱)
帛六匹	2862钱	447
帛二丈五尺	500	1008
缣一匹	1200	1200
帛千九十四匹三尺五寸大半寸	354200	325
帛二匹	900	450
任城国亢父缣一匹	618	618
素丈六尺	268	670
白素一丈	250	1000
缥一匹	800	800
缘一匹	800	800
白练一匹	1400	1400
鹑绥一匹	1000	1000
九緵布三匹	1000	333
白布方橐一匹	400	400
校布一匹	290	290
八緵布八匹(原文如此,疑误)	230(原文如此)	?

陈直还引用了下面诸种布帛原料的价目:

布帛、原料	总价(钱)	每匹单价(钱)
广汉八緵布十九匹八寸大半寸	4320	228
河内廿帛两匹八尺三寸四尺大半寸	2978	372
黄縠丝一斤	350	
绡丝二斤	434	

注:一匹四丈,一丈十尺或一百寸。斤是原丝的重量单位。

务的约定。其中涉及的价格包括：一件皮外衣1500钱，一件黑色内衣352钱，一件厚外套1800钱，一件长袍2000钱，一条黑裤800钱，一件黑色厚长袍2500钱，一件长袍1500钱。[1] 边疆地区的所有物品都是自内地转运来的，因此衣物的价格肯定要高于原产地。但即使将上述衣物的价格削减一半，似乎也还是太贵了，因为一个人要购买到足够的衣物，就必须花费1000钱以上。例如，一套内衣176钱，一条裤子400钱，一件外衣750钱——对于一个五口之家来说，这意味着或许每年要开销5000钱或者更多。

根据陈直的估算，边疆地区1石谷物的价格为100钱多一点。[2] 因此，衣物的成本开支大约相当于50石或82.5斛粮食，比两个每月吃3斛粮的人一整年的粮食消费量还要多。

一般家庭用于宗教活动方面的开支也难以估算。让我们假设，一个人（一年）至少参加两次被称为"社"的社区仪式。正如《四民月令》中记述的那样，这一仪式是供奉牺牲给当地的保护神，春秋各举行一次。每年冬天的"腊祭"和春节祭典也都是很重要的场合，即使是最贫穷的人也不得不花一点儿钱用于庆典。李悝认为这笔开支需要300钱，即10石谷物的价

---

[1] 陈直：《两汉经济史料论丛》，页61。
[2] 同上书，页58。西汉时期，内地省份通常的粮价应低于每石100钱；在东汉时期，内地粮价通常在每石30钱到80钱之间（参见李剑农《先秦两汉经济史稿》，页196）。内地省份衣服的价格也应当较为便宜，因为运费要少一些。但衣价与粮价之总的比例关系，似乎会与陈直根据边疆市场情况给出的比率大致接近。

值。[1]居延汉简中有一片写道:"入秋社钱千二百,元凤三年九月乙卯(前78年)。"[2]可惜的是,这一记述没有告诉我们,这笔钱是一家出的份子呢,还是这一仪式整个的费用。根据东汉时期每石60—70钱的粮价,和李悝关于祭祀与社交活动的开销相当于10石粮价值的估计,我们可算出一个家庭在这些活动中总共要开销600钱到700钱。[3]

汉代时的农户必须缴纳财产税、土地税、人头税以及徭役代替金等。土地税是征收实物,即农产品,但它是根据田亩的面积而不是收获量征收的。[4]

以常理论,汉代的土地税是应该根据土地产出的一定比例抽取。在开国之初,土地税是年产出的1/15。尽管在一个时期内税率有所变化,但是在公元前195年又恢复了原来的税率。汉文帝在公元前168年将税率调低至年产出的1/30,后来又于第二年完全取消了土地税。在此后的12年间实际不存在土地

---

[1] 孙念礼:《古代中国的食物与货币》,页141。
[2] 劳榦:《居延汉简:考释之部》,"考证"(1960),页66;"释文",页8。然而,在"释文"里,劳榦将应是"社"的那个字认作"赋"。在鲁惟一重新编纂的简牍文献里,有明确提到社祭交付了900钱的记载。见鲁惟一《汉代行政实录》,页98—99。
[3] 粮价的估算是根据李剑农的《先秦两汉经济史稿》,页196。
[4] 有些学者觉得,土地税是针对从土地获得的收入征收的,见刘道元《商鞅变法与两汉田赋制度》,《食货》,第1卷,第3期,页1—13。也有人认为土地税是对土地产出的征税,是因为政府控制着水利,见木村正雄《秦汉时代的田租及其特性》,《历史学研究》,第232期,页3以次。关于对这一论点的批驳,见平中苓次《中国古代的田制与税法》,页106以次。

税,直到公元前156年汉景帝下诏,规定以年产出1/30的永久税率抽征土地税。在东汉初期,土地税税率曾一度高达10%,但是在公元30年又很快恢复到了1/30的老税率。换言之,官方税率通常保持在年产出1/30的水平。[1]不过,土地税实际却是根据一定面积田地上一个固定的数额来征收的。不管年景好坏,政府都向农民征收同样数额的土地税。这样,歉收的年份,税收就成为农民的沉重负担;而丰收年份,农民就会有一些收入。无论如何,农民遭到的饥荒和税收的双重打击,已足以令《盐铁论》里论述的儒生为之哀恸了。[2]这种对官方税率的背离,可能是官僚逃避职责的结果,他们不愿意花力气去评估农作物每年的实际产量。正因如此,对每个土地所有者拥有的田亩进行登记,就成为税收中一个最基本的环节。早在公元前216年,秦始皇就下诏命令人们报告自己的地产。在整个汉代,将自己的土地注册登记,一直是人们习以为常的事情。[3]政府也不得不一再对土地状况进行细致的测量调查。[4]东汉开国后所做的最认真的努力之一,就是对所有的土地重新进行丈

[1]《汉书补注》,4:14a—14b。马非百:《秦汉经济史资料(7):租税制度》,《食货》,第3卷,第9期,页9—33。吉田虎雄:《两汉租税之研究》,页14。
[2]《盐铁论》,3:5a—b。
[3]《史记会注考证》,6:44。《史记》记载这一特殊事件的部分已经散失,是早期的注释者徐广在一个注释里保存了这一佚失的部分。对"名田"一词虽然有不同的理解,但一般都同意其基本功用就是为了登记土地的归属情况。西嶋定生:《汉代的土地所有制——尤其是关于名田与占田》,《史学杂志》,第58卷第1期。
[4]例见《汉书补注》,2:5a。

量。公元39年，皇帝诏令进行一次全国性的土地普查。实际上，为数众多的郡守因在报告中弄虚作假而受到处罚，甚至被处死。有一段时间，人们对官府在土地调查中所采用的严厉措施怨声载道。[1] 公元76年至81年，一位名叫秦彭的太守测量土地时极其认真，他根据土地的肥沃程度将土地分为三等，并将土地文簿在乡和县里各存一份。"每至农月，亲度顷亩，分别肥瘠，差为三品，各立文簿。"这一典型事迹被朝廷知晓，皇帝诏令各郡各县，全部采用同样的土地登记模式。[2]

如果土地税是按产量抽征，那么保存每个农民土地的准确记录就没有必要了。对土地面积进行仔细测量只意味着一件事：对某一既定面积的土地按固定数额征税。问题在于，历史记载并没有告诉我们这些固定的税额比率是多少。[3] 这一问题又被大约公元前87年，即汉武帝当政最后一年，亩制大小的变革弄得复杂化了。1亩的幅度这时从（边长）100步改为240

---

[1]《后汉书集解》，1B：12b；76：76b。
[2] 同上书，76：7b。
[3] 依据面积按一个固定比率征税的起始时间难以确定，同样困难的是确定土地分等的制度是什么时候开始的。吉田虎雄提出，是秦彭创造了这一分等级的做法。中村认为，区分等级早就是汉代税收的标准制度。米田贤次郎引用了公元前31年的一片居延汉简，其中提到按等级登记土地，他由此断定土地分等的制度最迟可能是从公元前81年到前31年开始的，因为《盐铁论》表明到公元前81年时单一税率制度仍在实行。参见吉田虎雄《两汉租税之研究》，页18以次；平中苓次《中国古代的田制与税法》，页143以次；米田贤次郎《汉代田租查定法管见》，《滋贺大学教育学部纪要》，第17期（1967），页120以次。

步了。[1]由于这一变化对土地所有者有利,因此我们可以从逻辑上推论,虽然土地单位的面积扩大了,但人们仍只需按过去依据小亩面积估定的税率纳税。[2]不过做出这种变化,也可能是因为需要确认新开垦的土地,加上采用了牛耕这种适合于大片农田耕作的农业技术。从农民的角度看,这两点都是有好处的。[3]

固定税额大概是官僚化的结果,因为这种官僚化总是倾向于使特定的行为程式化、标准化。因此,汉代原本根据产量抽征的税收体制,便逐渐演变为根据土地面积抽征,最终在此基础上形成固定的税额。这一进程的完成,大概用了不止一代人的时间,而且无论是在演变的内容上还是在演变的速度上,不同的地区之间可能会有所差别。这种现象在汉朝地方行政制度之下不足为奇,因为当时的地方官员对自己的辖区有极大的管辖权。秦彭的事例说明了行之于地方的若干特例。秦彭首创新制,只能被视为东汉时期税收实践演变过程中的一个里程碑,而西汉则可能有着自己的税收演变过程。在居延汉简中,有一片简牍记载说:土地按上、中、下三等登记,估计收成;如有歉收则估计歉收情况,调整税收;一

---

[1]《盐铁论》,3:5a—b。滨口重国:《关于中国史上的古代社会问题的记录》,《山梨大学学艺部研究报告》,第4期。
[2]吉田虎雄:《两汉租税之研究》,页17—18。然而,请注意在公元前155年前的11年里,政府为了宣示皇恩,一直没有征收土地税。因而,表面上从十五税一到三十税一的减税,实际可以理解为是一种妥协。
[3]天野元之助:《中国亩制考》,《东亚经济研究报》,复刊第3期。

起出土的另一片简牍，上书"建始二年"，即公元前31年——据此看来，前一片简牍可能也是同一时间的产物。[1]这是我们现在见到的最早的关于土地按三种等级登记的记载。不过，它的内容过于简单，没有说是按照土地的肥沃程度还是按照收成的多少划分等级。它只能用来表明税收是被分为不同等级的。[2]

我们在这里不讨论汉代劳动生产率的问题，但每亩土地的平均产量是我们所关心的。仲长统在批评汉朝的税收时提出了一个数字，他说：即使按照土地产出的1/10征税，平均亩产3斛粮的农民也不会觉得是一个很重的负担；过轻的税，如目前按产量的1/30征收的税，无法为国家提供备战备荒的充分储备。[3]3斛的1/30是1/10斛，即1斗，这就是对每亩农地所课征的税；而按照仲长统所建议的税率，每亩农地应课征3斗粮。[4]公元前32年，有一位侯爵从其领有的4万亩土地上征收的税是1000多石粮，或者说是1650多斛粟，[5]据此可知，他对每亩土地征的税额是4/10斗（或4升）粮。

---

[1] 劳榦：《居延汉简：考释之部》，"释文"（1960），页85（简号113.3）与页192（简号113.6）。

[2] 米田贤次郎：《汉代田租查定法管见》，页71—72。

[3] 艾伯哈德推算，每亩的平均产出是1石到1.5石。见《汉代官府的统计材料》，《通报》，36（1940），页4—5。然而，高产可能达到每亩6.4斛，见《史记会注考证》，29：6—8，及《汉书补注》29：5b—6a中类似的段落。

[4]《后汉书集解》，49：18a—b。

[5]《汉书补注》，81：10b；瞿同祖：《汉代社会结构》，页91。钱大昕持不同看法，他认为这个数额是3年的收入。参见瞿同祖上引书，页91—92，注95。

在另一个公元87年的事例中,政府向2万顷新开垦的农地课税,得到了10多万斛粮的额外岁入。[1]这里的税额大约是每亩半斗(或5升)。

如果我们前面虚构的那家农户以每亩地5升粮的税率付税(这一数额属于税率的合理变化范围之内),他们应缴付的土地实物税为每70亩耕地3.5斛粮。[2]

除了粮食税之外,还有所谓的"草秸税"。尽管草秸税数额较少,但它们也是政府的常规岁入之一。[3]由于除了名称之外,我们不知道有关这一税种的任何情况,因此我们无法估测一家农户在这上面的实际支出是多少。

被称为"訾算"的财产税,最初见于公元前142年。当时皇帝下诏,将进入政府做官的最低财产资格限额由十"算"降低至四"算"。这段记载的注释者服虔解释说,每1万钱价值的财产为一个"算"的单位,对其征收的税为127钱。[4]公元前119年,汉武帝颁发了那个关于新税制的著名诏令,将财产税征收范围扩大到包括商业交易中的所有财产和收入。这个诏

---

[1]《后汉书集解》,24:24a。这里土地的面积数字来自马棱列传,政府由此增加的收入数字是注释者从《东观汉记》里引用的。不过,我们还不清楚,这些新增加的收入是来自新开垦的土地,还是出自那一片地区普遍的田地地力的改善。
[2] 平中苓次也主张税率是每亩5升,《中国古代的田制与税法》,页160—162。参见米田贤次郎《汉代田租查定法管见》,页66以次。
[3]《汉书补注》,72:13a—b。马非百:《秦汉经济史资料(7):租税制度》,页9—33。
[4]《汉书补注》,5:9b—10a。德效骞译:《汉书》,1:329—330。

令清楚地列出了需要课税的项目和税率（每"算"财产单位征收127钱），以及对官员、地方三老和屯边兵士的优惠税率。买卖的物品（或者更可能是通过买卖所获得的利润），每2000钱为一"算"的单位；对制造的物品，每4000钱为一"算"的单位；每辆车和每条船也都是一"算"的单位。[1]

有了这些数字，我们就可以推算出，对前述礼忠和徐宗家产中的若干项目应课征的税额是多少（表5）：

表5 一个虚构的农户家庭的财产价值

一所宅第	3000钱
70亩土地	7000钱
两头牛	6000钱
两辆牛车	4000钱
总计	20000钱

以每1万钱财产征收120钱的税率计算，每年的"訾算"应是240钱。假定每石粮的价格为60钱，这笔税款即相当于4石粮的实物。[2]

人头税分为两部分：对未成年人征收的叫作"口钱"，对成年人征收的叫作"算赋"。人头税在秦朝时就有了，用粮食

---

[1]《史记会注考证》，30：24—25；《汉书补注》，24B：13a—b。孙念礼：《古代中国的食物与货币》，页280以次。
[2] 应当注意的是，边疆地区的土地价格比内地——例如京都一带——灌溉条件良好的肥沃田地要低廉。关于财产税的税率，见孙念礼《古代中国的食物与货币》，注531。

交付，只是不叫"算赋"。[1]人头税很明显是政府的常规岁入之一，因此董仲舒将人头税和土地税相提并论。[2]公元前203年，汉高祖下令征收"算赋"，税率为每人120钱。从理论上说，每一个臣民都必须缴付人头税。[3]税率不时地有波动。汉武帝时（前179—前157），税率曾三次下调到只收40钱，但每次下调持续了多长时间却不清楚。到了公元前52年，税率又一次调低至90钱。公元前41年时的税率是80钱。有些特定的社会群体，还常常享有免税的待遇，如上了岁数的老人，以及政府试图使之定居下来的流民等。[4]总括地说，尽管存在着短暂的税率下降和特别的豁免，汉代的成年男女一般要付120钱的人头税。

"口钱"是对7—14岁的未成年人课征的人头税。这一税种的起源尚不清楚，有人怀疑是汉武帝时为应付庞大开支而创设了这一税种。[5]其实更为可能的是，汉武帝仅将"口钱"的税率从每人20钱提高到了23钱，起征年限改为3岁（后来起

---

[1]《史记会注考证》，89：6，尤其见服虔的注释。还可见《淮南子》，四部备要版，13：8b。

[2]《淮南子》提到，人头税属于少府的收入，13：8b；Ⅰ，4。

[3]《汉书补注》，1A：39b。德效骞译：《汉书》，1：93。汉代政府竭力进行仔细的人口普查。每年八月对人口都要核对，残疾人和病人也不例外。见永田英正《汉代人头税的崩坏过程——特别以算赋为中心》，《东洋史研究》，18，第4期（1960），页50以次。

[4]吉田虎雄：《两汉租税之研究》，页90—93。

[5]吉田虎雄：《两汉租税之研究》，页92，与注10，页97。

征年限又恢复到7岁）。[1]但汉武帝时所确定的每人23钱的税率，似乎历经整个汉代都未改变。[2]

人头税是用现金交付，只有在粮食价格低落时能用粮食代替。[3]在我们虚构的那个农户中，全家五个成年人每年要付的人头税总计600钱，如果我们假定一石粮价值60钱，这笔税款即相当于10石粮。

最后一类开支涉及为了免服兵役和徭役而缴付的代役金。董仲舒在上书中曾提到这两种役：每个成年男子在当地每年服徭役一个月，另外在军队里服兵役两年。[4]除此之外，每人每年还有戍边三日的义务。地方徭役和戍边义务可以交钱免除，这样它就变成了又一种税收，被当成了政府的一项常规收入。[5]

这里重要的问题有：一个人服役的总天数、服役者的年龄范围，以及代役金的数额等。第一个问题因董仲舒上书中提到当时的徭役负担"三十倍于古"而复杂化了。[6]有的学

---

[1]《汉书补注》，72：13a—15b。
[2]《汉仪》，见《后汉书》注释者对公元46年提到这些事件的一段文字的注释，《后汉书集解》，1B：16b—17a。王充也像提及常识一样提到"七岁头钱三十二"，《论衡》，四部备要版，12：13a。
[3]《汉书补注》，7：7b，10a。吉田虎雄以为公元前79年的敕令以后一直适用，见氏著：《两汉租税之研究》，页25—26。然而，这一敕令清楚地说明，它只在那个特别的年份有效。
[4]《汉书补注》，24A：16a—17a。
[5]同上书，7：8a—9a。
[6]同上书，24A：16a—17a，7：8a—9a。

第三章　农民的生计

者试图证明服役时间是整整60天。[1]应当注意的是，不管人们如何给董仲舒的上书断句，如淳的注释中却只提到两年的兵役期。[2]两年役期在《汉仪》一书中也得到了证实（如淳也引证了这部书），该书的作者说：年满23岁的年轻人必须作为正式的兵士入伍服役，当1年卫士，再当1年步兵或骑兵。[3]

人们普遍承认承担服兵役义务的年龄范围为23岁到56岁，共计33年。不过在居延汉简中，有一些简片上记载，人们在23岁之前就可能被应召入伍，年龄大概可提前至20岁。[4]56岁的退役年龄也不是死规定，因为《汉官仪》中的用语隐含着这样一个意思，即一个人如果有资格并选择了退休的话，他将会获得允准。在汉代文献中，没有迹象清楚地表明退休年龄是强制性的。[5]

如淳提到了两种代役金：地方徭役的代役金是每月2000钱，戍边的代役金是每月300钱。这笔费用确实很大，特别是将之与通常的工钱比较而言。[6]由于工钱可能会随着币值和市场情况的变化而上下调整，因此任何固定的数额，无论是300钱

---

[1]例如，米田贤次郎：《试论汉代徭役的日数》，《东方学报》，27（1967）：189—212。刘道元：《商鞅变法与两汉田赋制度》，《食货》，第1卷，第3期，页1—13。
[2]《汉书补注》，7：8b—9a。
[3]同上书，1A：34a。
[4]张春树：《汉代居延边疆的垦殖者及其定居地》，《清华学报》，复刊第2期（1966），页194。
[5]《汉书补注》，1A：34a。
[6]同上书，35：5b，服虔的注释，其中提到每月工钱是300钱。

还是2000钱,都不能代表一般的情况。[1]在各种劳作和军事义务中,常规兵役的义务是不能延误的。[2]

我们按照低税额计算,假设一个人为免除戍边义务要缴纳300钱,为免除徭役又缴纳300钱,那么我们虚构的那个有两个男子的农户为了免除这些义务,每年需要付出1200钱的代役金。

表6显示了一个农户的支出情况,现金支出和实物支出都在内。

表6 一个虚构农户的开支情况

以实物和自产自用形式	
食品	140斛粮(稻谷)
土地税	3.5斛粮
总计	143.5斛粮
衣物	5000钱(自产自用)
以货币支付	
宗教和社会活动	1600钱
财产税	240钱
人头税	600钱
代役金	1200钱
总计	**3640钱**

---

[1] 例如,到公元2世纪中叶,一个用人的工钱是每月1000钱,《政论》,见《全后汉文》,46: 9a—9b。

[2] 贺昌群认为,戍边义务转换成了另一种形式的税。然而,人们仍然可以在轮到自己时去边疆当戍卒,如果不想去,就得缴每月2000钱的税费。贺昌群:《秦汉间个体小农的形成和发展》,载《汉唐间封建土地所有制形式研究》,页23—24。但贺的主张没有充分的证据。

如果按照1石粮60钱的假定价格将粮食折合为现金，表中支出的粮食将值5220钱（143.5斛是87石）。价值5000钱的衣物则由家庭中的女性成员提供。这些用家庭自产产品支付的项目，现金价值计为10220钱。另外四项支出是总计为3640钱的现金开支。换句话说，一个农户基本开销中有26.3%，必须设法以现金支付。

不过，粮价的变化会改变这一比率：市场需求大意味着收入增加，市场需求小则收入减少。尽管在饥荒年代粮价可能会高达数千钱1石，而碰上高产年景粮价又可能会跌落到四五钱1石，但粮食价格的一般变化幅度是在每石30钱到80钱。[1]这一变化幅度可能既反映了粮价变动的长期趋势，又体现了粮食市场的季节性波动情况。公元前54年，为了控制粮价而在边地郡县建立了一些常平仓，这种做法后来发展成一种常规的制度。其宗旨是由政府在市场需求低时购进粮食，市场需求高时卖出粮食，从而平抑粮价并保持粮食供给的稳定。[2]不过从结果看，这种措施似乎没有收到什么效果。公元68年，当朝廷商议恢复常平仓的问题时，人们提出了反对意见，认为它并未给老百姓带来什么好处。[3]

在《汉书》和《后汉书》中，关于价格波动的记载比比皆是，这也证明了常平仓没有起到什么作用。在收成好的年景，

---

[1] 李剑农：《先秦两汉经济史稿》，页194—195。
[2] 孙念礼：《古代中国的食物与货币》，页195—196，及注292。
[3] 《后汉书集解》，39：8b—9a。

农民发现农产品的单位价格向下跌落,而当粮食歉收时,他们又面临着饥饿。因此,农民常常是输家,总是不能主宰自己的命运。自然灾害在农民生活中也是家常便饭。汉朝前后历经462年(包括新莽政权在内),在这一期间发生了43次旱灾、68次洪灾以及37次由蝗虫和其他虫害引起的饥荒。典型的情况是,每三年就会出现一次自然灾害。而诸如对外战争和地方骚乱等人为的灾难,又给农民增加了一层痛苦。[1]人们为了生存下去,不得不使出浑身解数。也许正是出于这个缘由,汉代的农民才会不断地改进农业技术,使其耕作更加精细,作物种类多种多样,以发挥土地的最大效用。在认识到出售自己的基本农产品并不能带来足够的收入后,农民们必定要致力于提高农业技术。事实上,《四民月令》和《僮约》不仅仅反映了一个殷实农家的生活,它们更重要的价值是描述了一般农业人口的生活方式,这些农人们的生活收入严重地依赖于植桑养蚕、培植蔬菜、牧养禽畜、栽种果木以及买卖交易等活动。这些活动我们将在第六章加以讨论。

总的来说,正如我们在前一章讨论过的,尽管政府对农业加以保护,但汉代中国存在着市场经济。这导致对现金的需求,如果农民不能扩大可以赚取现金的生产,他们就会陷于非

---

[1] 马非百:《秦汉经济史资料(3):农业》,《食货》,第3卷第1期。李剑农的结论有所不同。依照他的计算,西汉214年里2/3年份有自然灾害,东汉195年里,119年是灾年。李剑农:《先秦两汉经济史稿》,页162—164。但要注意,这些自然灾害并不总是全国范围的。

常不利的地位。同时,国家整体经济的良好发展必然会加强地区间的相互依赖。结果是在汉朝统治的几百年间,出现了精细化和多样化的农业生产方式。

第四章　农业资源

农作物

在汉代，人们栽培的作物包括谷物、蔬菜和其他经济作物。"五谷"已是公认的提法，尽管在"五谷"究竟指哪五种作物的问题上意见不尽一致。一种说法认为，五谷是黍、稷、菽、麦、稻；另一种说法则用麻代替了稻，作为五谷之一。[1] 当然，关于这五种谷物重要性的排列顺序也是不一样的。在古代，黍类谷物作为土生土长的作物，是北方中国人最重要的主食谷物。到了战国时期，菽和粟（狼尾草的一个变种）成为人们的基本食物。在汉代，尽管随着人们向土壤和气候条件适合稻米种植的南方迁徙，稻米也变得愈来愈重要，但最通行的谷

---

[1] 参见郑玄对《周礼》"职方氏"的注释和《吕氏春秋》。事实上，《吕氏春秋》（四部备要版）的"审时"篇里讨论了六种谷物。参见万国鼎《五谷史话》，页3—4。

物还是麦和粟。[1]

1956年对一西汉古墓葬群进行的考古发掘，证实了文字的记载。在其中一个古墓中发现的陶器制品中，有20个泥制的谷仓模型。这些模型分为4组，每组5个，上面带有黍、禾、豆、麻、麦五种主要粮食作物的标识。在每个谷仓模型上，还写有"某某谷物万石"的字样，这无疑只是一种象征性的声称。[2]在洛阳的另一处遗址中，大量陶制的谷仓模型上都写有谷物的名称。在67个模型中，18个是麦及其若干亚类，17个是禾，16个是豆、麻，4个是黍，4个是稻，还有1个是某种酒曲。[3]阴间生活安排反映的是人间的生活情况，这些粮食品种的反复出现，告诉我们麦、禾和豆可能是三种食用最普遍的谷物，而黍、麻和稻则次要一些。在位于北方平原上的洛阳，稻米原本就不会是人们日常的主食。

古代种植的粮食作物，实际在经历着从某些种类转向另一些种类的重大演变。对字书和农书中各种谷物及其不同品种的名称的考证，也证实了这一观察。在旨在为先秦经书提供词义注释的辞书《尔雅》中，禾及其具有不同颜色或其他特点的各品种共有六种名称，麻有四个品种的名称，黍有三种名称，稻

---

[1] 钱穆：《中国古代北方农作物考》，《新亚学报》，第1卷第2期（1956）。
[2] 郭宝钧：《洛阳涧滨古文化遗址及汉墓》，《考古学报》，1956年第1期，页11—28。
[3] 洛阳发掘队：《洛阳西郊汉墓发掘报告》，《考古学报》，1963年第2期，页48—49，表2。

有两种名称,燕麦的不同品种有两种名称,大豆只有一种。[1]成书于公元前1世纪下半叶的《急就篇》,是一部教授读写的启蒙课本,其中有一个句子提到了两种稻、两种黍、两种禾和一种麻,紧接着下一句则提到了各种面食和煮豆。[2] 与《急就篇》同时代的《氾胜之书》,提到的农作物中包括:禾、黍、冬麦和春麦、大豆、小豆、麻、稗及水稻等。[3]

在公元前1世纪时,中国农民种植的谷物中包括春小麦和冬小麦、大豆和小豆等。麻更多地被视为一种油料作物,与新出现的芝麻和白苏同属一类。[4]

在东汉时期成书的第一部字书《说文解字》(许慎编纂)中,麦有八个品种,禾有七种,稻有六种,豆有四种,麻也有四种,黍有三种,芋有两种。[5] 如此清单表明,正如《四民月令》显示的那样,中国北方的农民当时可以种植的作物有很多种类,他们可以在大麦、小麦、燕麦、大豆、小豆、豌豆以及早粟或晚粟之间做出自己的选择。不过在《四民月令》中,只提到一种稻或黍。

看来很清楚,汉朝时期最重要的农作物是禾和麦。正是由

---

[1]《尔雅》,四部丛刊版,关于"释草"的部分。
[2]《急就篇》,四部丛刊版,页30—31。
[3] 石声汉:《论氾胜之书:一部氾胜之著于公元前1世纪的中国农书》,页48。在同书里,石声汉提供了对《氾胜之书》原文的翻译。我们的翻译尽管很大程度上是以此为基础的,但也做了相当的修改。
[4]《氾胜之书》。
[5]《说文解字》,四部丛刊版。

于这个原因，董仲舒才会说，无论是禾歉收还是麦歉收，史书上都有所记载。[1]种植得较为普遍的禾类作物，是粱和粟两个品种。[2]粱和粟的谷粒比黍稍大，比较容易脱壳，味道可能也更好一些。尽管禾谷的生长期较长，但是它很强壮，抗风，而且不需要很多水分——对于干旱多风的中国北方来说，这是一种理想的农作物。另外，禾谷还可以在第一场春雨之后和第一次霜冻之前的任何时候播种；因此，《氾胜之书》称播种禾谷不需要固守特定的时间。不过种植禾谷也有一些不利之处。首先，分量很轻的谷粒很容易从谷穗上脱落，从而在下一年自己生长出来。如果不精心照料，这种作物的产量就会很低，而且质量很差。让农民感到头疼的，是由于其自我繁衍而对田间管理带来的困难，如整治土地和除草间苗等。《齐民要术》明确地指出了这一特殊的问题，并建议将禾与其他农作物轮种。[3]汉代的农民是否知道《齐民要术》所讨论的轮种的原因，这一点很难确定，但在实践中确实存在着禾与麦的轮种制。在公元前3世纪成书的《吕氏春秋》中，有这样一段话："今兹美禾，来兹美麦。"[4]公元2世纪的注释家郑众，也提到了当时在麦子收割后种禾的做法。[5]

---

[1]《汉书补注》，24A：16a。
[2] 对这两种谷物的确认，依据的是于景让《黍稷粟粱与高粱》，《大陆杂志》第13卷，第4期，页20。
[3] 石声汉：《齐民要术今释》，页31，3.3.1及3.3.3。
[4]《吕氏春秋》，26：6。
[5] 郑玄：《周礼注疏》，34：5a。

禾对土质的要求不高，但却需要彻底的田间整治。它的种子相对来说小，这样就需要仔细地翻耕土壤，杂草也要清除干净，并且土地得能较好地保持水分。[1]这意味着在播种之前和在生长期内，农民都要不断地耕耘土地和铲除杂草。在中国发展起来的很多精细农作的一般原则，都和种禾所需的劳作有关。

小麦和大麦最早都是在西亚人工驯化的。其中文名称暗示，前者传入中国的时间要晚于后者。一位日本学者提出，在公元前2世纪之前中国没有小麦，小麦是张骞从西域带回来的，他还带回来其他一些异域的植物，包括葡萄和苜蓿。[2]而中国的学者注意到：大麦和小麦在古时都有自己的名称，即"麰"和"麦"；在古籍中，"麦"这个词通常指小麦，而在新石器时代的遗址中，也确实已经发现小麦。因此他们指出，中国早就有了小麦。[3]既然在新石器时代的遗址中都可以发现大

---

[1] 曹隆恭：《中国农史文献上粟的栽培》，《农史研究集刊》，第二册，页94—108。

[2] 日本学者主张，先秦书籍里提到的"麦"其实说的是大麦。篠田统：《五谷的起源》，《自然与文化》，第2期，及天野元之助：《中国农业史研究》，页62，85—87。景让提出，麦是在公元前3世纪通过蒙古传入中国的。参见景让《栽培植物考》第二卷，台北：艺文印书馆，1972年，页61—63。

[3] 夏纬瑛：《吕氏春秋上农等四篇校释》，页118。胡锡文：《中国小麦栽培技术简史》，《农业遗产研究集刊》，第1卷（1958），页56，及万国鼎1960年9月23日给天野元之助的信，载天野元之助：《中国农业史研究》，页86。涉及这一问题的最近一本著作是何炳棣的《东方的摇篮》，见页73—76，352—353。

麦、小麦，那么中国可能很早就有了这两种作物。[1]在汉代，大麦和小麦都是人们种植的作物。不过，在公元前2世纪时，小麦尚未被人们所普遍接受，至少尚未被京畿地区的人们接受。而这一地区即今日的陕西省，现在却成了小麦产区。不仅董仲舒建议应敦促京城附近的人们种植小麦，在公元前1世纪时，还派遣了一位专家去那里向人们传播小麦和大麦的种植技术。[2]但这一现象可能只是地方性的。无论如何，《氾胜之书》中非常详细地记载了小麦的生产过程；而公元前1世纪中叶的居延汉简，则记录了西部边疆的军事驻屯地"麦"的供应。[3]然而，劳榦却提出这里的"麦"主要是大麦。到了公元2世纪，小麦和大麦在农村地区已变得非常普遍，以致在儿歌中都可以见到这两种作物。[4]有一个注明日期为汉亡后不久，出自西部边疆军事驻屯地的简片，将小麦、大麦和粟列为当时那里所种植的三种农作物。[5]

---

[1]关于大麦，见德永重康、直良信夫《"满洲"帝国吉林省顾乡屯第一回发掘报告》，页36—37；关于小麦，安徽省博物馆：《安徽新石器时代遗址的调查》，《考古学报》，1957年第1期，页23。注意在后一文章中，考古报告只提到"麦"，没有特别明确是"小麦"。将之确认为小麦的是万国鼎（83页注⑤）。

[2]《汉书补注》，24A：16a。《晋书》，四部丛刊本，第26卷，页8；及杨联陞：《晋代经济史简论》，《中国制度史研究》，页182。

[3]劳榦：《居延汉简：考释之部》，"考证"（1960），页59—61。这些简片最早的出自公元前102年，最晚的是公元33年。大多数在公元前81年至公元前25年。见陈公柔、徐苹芳《关于居延汉简的发现与研究》，《考古》，1960年第1期，页47。

[4]李昉：《太平御览》，838：5b。

[5]罗振玉：《流沙坠简考释》，2：27b。

由于小麦和大麦都是既可以在冬天生长，又可以在春天生长，因此它们成为生长季节也很灵活的粟的理想伴侣。粟的根很短，但是小麦和大麦的长根有助于疏松地表下的土质，这对于中国北方地质紧密的黄土地来说尤为适宜。因此，小麦和大麦就成为与粟搭配的轮种作物。

中国农业中豆类的地位相当重要。在古代青铜器的铭文里，大豆被描绘为一种根部周围有一些圆点的植物。现代学者解释说，这些圆点表明古人已经知道具有固氮作用的根瘤。[1]尽管当时的人们还不知道氮的存在，但古代的农民很可能从经验中了解了豆类作物的形态特征，以及它们作为上等绿肥的价值。豆类中有一个品种，可能就是大豆，被称为"戎菽"，而"戎"这个字公认是中国人用以指称来自西部地区的外国人（或者说野蛮人）的。[2]至少有一个豆类品种即蚕豆，是汉朝时由张骞带到中国的。张骞当时作为特使，于公元前139年至前126年和前115年两度出使西域（即今天的新疆），以与这一地区的各国建立关系。[3]

在《氾胜之书》里，大豆被说成是一种旱涝保收的作物，

---

[1] 胡道静：《释菽篇——试论我国古代农民对大豆根瘤的认识》，《中华文史论丛》，第3卷，页111—112。
[2] 关于古时"戎"的含义，见余英时《汉代中国的贸易与扩展》，页5。然而，一位注释者孙炎提出这里的"戎"只是"大"的意思，因而与西戎没有什么必然的联系。《尔雅》，"释草"。
[3] 石声汉：《齐民要术今释》，页78。关于张骞的出使，见余英时《汉代中国的贸易与扩展》，页135—137。

书中还建议农户为家中的每一个人都种5亩大豆。不过，小豆却被认为是一种极其难种的作物。

豆类在先秦时就是人们的基本食物之一，与取代了黍和稷的粟地位相当。[1]因此，崔寔在他的《四民月令》中，将豆类也列入应当种植和出售的粮食。

豆类是与谷类轮种的理想作物，因为大豆可在早春与夏初之间的任何时候播种，而小豆则是在夏末时播种。[2]

在汉代时，麦的地位要高于豆，这可能是因为麦的味道较好，另外也因为作为一种轮种作物，麦要优于粟，从而部分地替代了本来由豆类作物所垄断的角色。虽然豆类仍是人们的食品之一，但其价值更多地体现为一种用来改良土质的绿色植被。也许正出于这种缘故，人们尽管认为小豆的收成不是很可靠，但仍然种植它。《齐民要术》就主张，扁豆在开花之后应予以翻耕，以便为栽种瓜、葱等做好准备。[3]

仅就粟、麦和豆这三种主要的农作物而言，我们就知道汉代中国北方的农民在进行多种作物轮种时，有着相当宽泛的选择余地。

南方的农民则发展了稻的种植。尽管稻谷从本质上说属于

---

[1] 钱穆：《中国古代北方农作物考》。邹树文：《诗经时代黍稷辨》，页41；潘鸿声、杨超伯：《战国时代的六国农业生产》，页52，两文均见《农史研究集刊》，第二册。
[2] 石声汉：《齐民要术今释》第一分册，页79：6.2.1及页84：7.1.2。
[3] 同上书，页130：14.11.1；页150：17.5.10；页169：21.2.2。

南方的作物，但它也确实出现于中国北部。在河南的新石器时代仰韶文化的遗址中，人们发现了一些带有稻的图案的陶土器皿，这种稻被确认是一个短粒品种。[1]在淮河流域、长江流域和长江三角洲的新石器遗址中，都发现了同一稻米品种的样本。[2]由于有证据表明中国南部生长着野生的稻，于是有人推测说，中国的稻可能是这种土生野稻品种的改良后代。[3]后来，这一稻种又扩展到中国的东南部以及淮河流域。从洛阳汉墓葬中出土的稻米，也被确认与新石器遗址中发现的稻属同一品种。[4]

在汉代，除了普通的稻米之外，还有旱稻和糯稻等其他品种。后者在中国大概很早以前就有了，常被人们用来酿酒（从

---

[1] 天野元之助：《中国农业史研究》，页95—96。陈祖槼：《中国文献上的水稻栽培》，《农史研究集刊》，第二册，页65。

[2] 丁颖：《江汉平原新石器时代红烧土中的稻谷壳考察》，《考古学报》，1959年第4期，页31—33。安徽省博物馆：《安徽新石器时代遗址的调查》，《考古学报》，1957年第1期，页23，27；及江苏省文物管理委员会：《江苏无锡锡山公园古遗址清理简报》，《文物参考资料》，1956年第1期。江苏省文物管理委员会：《江苏无锡仙蠡墩新石器时代遗址清理简报》，《文物参考资料》，1955年第8期。一个重要的新发现见游修龄《对河母渡遗址第四文化层出土稻谷和骨耜的几点看法》，《文物》，1976年第8期，页20—23。

[3] 丁颖：《中国栽培稻种的起源及其演变》，见中国农业科学院编：《稻作科学论文选集》，北京：1959年，页8。

[4] 丁颖：《江汉平原新石器时代红烧土中的稻谷壳考察》，页31—33。然而，一位日本学者却注意到洛阳墓葬里的稻米的长度，认为它是 *Oryza sativa var.Indica*，见天野元之助《中国农业史研究》，页96。此外，在上海近郊的菘泽的一处新石器遗址里，发现了被确认为籼稻的稻米，见吴山菁《略论青莲岗文化》，《文物》，1973年第6期，页57。然而，北宋以前中国栽种最多的还是粳稻，见何炳棣《黄土与中国农业的起源》，页180。当然，粳稻是籼稻的一个变种。游修龄：《对河母渡遗址第四文化层出土稻谷和骨耜的几点看法》，页20—23。

技术上讲,米酒、日本的清酒都属于啤酒,但我们仍按照习惯叫它酒)。《诗经》中提到的稻,可能就是这种糯稻。[1]正如《氾胜之书》所记述的,糯稻的播种时间要比普通的稻晚一个月。旱稻在中国很少,在古籍中它只出现过两次,且时间都不早于汉朝。从词源学的角度看,用来表示旱稻的字表明,它最初是一种水中的植物,而植物解剖显示它仍残留着水生植物的结构。[2]

即使旱稻是一种可供选择的作物,居住在水源比较充裕的地区的汉代农民,仍可在多种作物中做出更佳的选择。由于谷类和豆类作物能够适应大多数的气候条件,因此稻农可以将它们与稻轮种。在某些地区,如在淮河流域,甚至可以将小麦和稻谷组合在一起轮种。事实上,往北远至今日的山西省和河北省,都已发现在汉朝时有稻谷种植。[3]

汉代时期的稻谷种植运用了很多基本的栽培技术,它们后来都成了中国的典型技术。其中最重要的技术是在浅平的苗圃中培育稻秧,这就限制了每块水田的面积。在水中除草间苗以及将秧苗移植到大田中去,都是很艰辛的工作,需要付出很多的劳动。水稻需要大量的水,处在南方与北方过渡区域的南阳郡以及其他地区灌溉系统比较完善,与此不无关系。[4]

---

[1] 陈祖槼:《中国文献上的水稻栽培》,页71。
[2]《中国文献上的水稻栽培》,页72。
[3] 例见《后汉书集解》,31:7a—b。陈祖槼:《中国文献上的水稻栽培》,页66。
[4] 见本章页128—140对水利灌溉的讨论。

除了种植谷物，汉代的农民还把相当一部分土地用于栽培蔬菜，并投入大量的劳力。根据公元前2世纪一部书[1]的记载，种植蔬菜的产出占全部生产产出的20%。如表所示：

表7 生产分布图表

种类	数量（石）	百分比（%）
总计	50	100
谷物	30	60
蔬菜	10	20
饲料和六畜	10	20

资料来源：友于《由西周到前汉的耕作制度沿革》，《农史研究集刊》，第二册，页14

从新开通的与中亚各国（主要是西域）之间的物资交流中，汉代的农民获得了许多新的作物品种，其中包括西瓜、黄瓜、蚕豆、青葱、大蒜、胡椒、芝麻、葡萄和苜蓿等。[2]但是，从崔寔《四民月令》中提到的蔬菜品种看，当时的蔬菜种类还是不多。他提到的是瓜、瓠、葵、冬葵、苜蓿、芥、芜菁、芋、蘘荷、生姜、葱、青葱、大蒜、韭葱、蓼、苏。需要注意的是，这里面多数是主要用于烹调的调味品和葱蒜类的作物，除此之外就所剩不多了。即使再在这个蔬菜单子上加入榆钱和大豆叶，汉代人的菜谱与当代中国人相比，也仍然是比较贫乏的。但是根据《四民月令》的描述和下面表8显示的情况，栽

---

[1] 见王先谦所引沈钦韩的注释，《汉书补注》，第30卷，页49a。
[2] 万国鼎等：《中国农学史》，页230；华生译：《史记》，2，页279—280。

植这些品种相对少的蔬菜,仍然会使农民在一年中的八个月内忙得不可开交。

能够给人们带来现金收入的作物,主要是桑、麻、芝麻、蓼蓝和胡瓜。桑树的叶子专门用来喂蚕。雄麻的植物纤维在剥离后,可用来做成亚麻布或其他织料。雌麻、芝麻和白苏都是油料作物,不过麻籽也被当成是一种谷类食品。[1]到崔寔生活的年代,麻籽显然不再被当作谷物,因为他在列举谷物时根本未将其包括在内。小麦在秋天则取代了麻籽的功用。蓼蓝是蓝色染料的主要来源,在公元2世纪后期的陈留县,蓼蓝取代了粟,成为农田中的主要作物。[2]

总之,粮食作物已发展到包括粟、小麦、大麦、燕麦、稻米和豆类等,它们每一种都可以在不同的时间栽种。除此之外还有相当数量的蔬菜和经济作物,从而汉代的农民有足够的选择余地,为自己安排一个有利可图的农业生产方案。不过,农作物的种类愈好,需要付出的劳动也就愈多。例如,粟的味道被认为比黍更好一些,但它也需要更多的照料和更多的水分;小麦比粟的味道还要好,但它对水分和土地条件的要求同样高一些。稻谷后来又成为中国主要的农作物。在汉朝时期,农作物的耕作从一种相当原始的形态演变成了高度精细化的模式。不过,我们将在下一章讨论各种农耕技术的发展。

---

[1] 石声汉:《论氾胜之书》,页48。麻籽在秋天作为新收获的作物而被用以供奉先祖。例如见《吕氏春秋》,第7卷,页1。

[2]《全后汉文》,62:5。

表8　各种蔬菜的农作时间

蔬菜	正月	三月	四月	六月	七月	八月	九月	十月
瓜	播种	播种		储藏				储藏
瓠	播种			结果		收获		
葵	播种			播种		干葵	葵菹	
冬葵		选种	播种					
苜蓿	播种				播种	播种		
芋	播种蘘荷		播种				储藏	
生姜			封生姜				储藏	
芜菁			选种	播种	播种			收获
芥	播种或移栽		选种	选种	选种	播种		
葱								
大葱	播种			移栽	播种			移栽
小葱		移栽	移栽		播种			
青葱					播种			
蒜								
大蒜					播种			
小蒜			收获	播种	播种	播种		
杂蒜	播种							
韭								
韭	播种				储藏	收获		
薤	播种或移栽				移栽			
蓼	播种							
苏	播种							

资料来源：《中国农学史》，页230，表30

土壤及其改良

中国上古典籍涉及耕作土壤问题的至少有两处，即《尚书》中的《禹贡》篇和《管子》中的《地员篇》。这两部书的成书时间都与其自称的成书时间相差甚远。禹是伟大的文化英雄，他在公元前24世纪将中国从大洪水中解救出来。《禹贡》据称就是记述他从九州接受贡赋的情况。不过，人们一般都认为该书的成书时间是在公元前6世纪到前3世纪。[1] 在《禹贡》中，作者对九州土壤的颜色、质地及肥沃程度等进行了描述并划分了等级（见表9）。

表9　九州的土壤

州别	区位	土壤	赋税等级	土壤等级
冀州	山西、河南北部及河北北部与西部	色白、土柔	1—2	5
兖州	山东西部、河南一部及河北。黄河下游地区	色黑、肥沃	9	6
青州	山东半岛和辽东半岛局部地区	色白、肥沃	4	3
徐州	淮河流域及山东部分地区	色赤、黏性肥沃	5	2
扬州	扬州长江下游及沿海地区	潮湿、泥泞	3	8
荆州	长江中游及中南省份	潮湿、泥泞	3	8
豫州	河南和河北南部	土柔，土的下层是肥沃、黑色的硬土	1—2	4
梁州	陕西南部、四川和云南	青黑色	7—8—9	7
雍州	西北诸省	色黄、土柔	6	1

资料来源：《尚书·禹贡》

---

[1] 某些农业史学者不加鉴别地接受《禹贡》成文于公元前24世纪的说法，见惠特尼（Milton Whitney）：《土壤与文明》。而疑古派学者顾颉刚将日期后推到公元前3世纪早期，见他的《禹贡》注，载侯仁之等编：《中国古代地理名著选读》，页1—6。而屈万里则将《禹贡》成书定为春秋中晚期，见其《论禹贡著成的时代》，《历史语言所集刊》，第35卷（1964），页53以次。劳榦教授对顾颉刚和屈万里的观点都不同意，认为《禹贡》著成于战国中晚期，见其〈黄土与中国农业的起源〉跋〉，载何炳棣：《黄土与中国农业的起源》，页193。

需要注意的是，土地最好的地区都是在雍州、徐州、青州和豫州，即沿着黄河从黄土高原一直延伸到低地平原的区域。土质级别最低的地区则分布在梁州、荆州和扬州（长江流域），以及西南部山区。换句话说，土地的等级是根据旱地农作的标准确定的，即很可能是以诸如黍这样只需要很少水分的作物的栽培作为标准。让人不解的是，税收等级与土地的肥沃程度并不对应——税额最重的是冀州、豫州、荆州和青州。尽管秦汉时人口稠密的畿辅地区，即《禹贡》中的雍州，显然不在税额最重的地区之列；但税额最重的几个地区，也正是战国时期韩、赵、魏、齐、楚等几个人口最多的国家的所在地，在汉代仍属于人口密集的地区。对赋税等级与人口密度之间的相互关联，大概可以做出两种解释。首先，在先秦时期的赋税收入中，人头税占有巨大的比重；其次，决定实际劳动生产率的不是土地的质量，而是投入农业生产中的劳动力。而人口的多少反过来又关系到有多少劳动力可供投入。由于《禹贡》的原文只是说以各地的土地出产物作为征税的标准，并且对人头税丝毫未提，因此第二种解释似乎更可信。如果真是如此，那么《禹贡》的作者列出土质等级和税率，可能只是为了记录事实，而不是为了强调土地的质量。

《管子》中亦含有某些令人感兴趣的地文资料。《地员篇》讨论的内容，包括地下水的水位、土壤的品色和各地区特有的植物等。一方面，夏纬瑛断言这篇文章写于战国时期，而且它所涉的是中国的东部，不包括秦国。另一方面，友于认为这一作品完成于汉武帝时期,其所涉区域主要是现在的陕西省,即关中地区。[1]友于引证了现代地质资料,论证更有说服力。

根据《地员篇》,土地首先可以依地势而划分为平原、丘陵和山地等不同类别。《地员篇》在开篇先描述了可能是畿辅地区的五种土壤及其地下水位的情况。第一是灌溉田的土壤,地下水位是地表下35汉尺,是所有土壤中最肥沃的,五种谷物皆宜生长。第二是一种红色的土壤,它被描述为"历强肥",即又疏松又结实,非常肥沃,可能是黏土与沙土的比例适中的混合;其地下水位距地面28汉尺,也是一种适于五谷生长的沃土。第三是一种贫瘠的黄沙土,土质过于疏松,无法保持足够的水分,地下水位距地面27汉尺。在这种土质上甚至不能造墙建屋,只能种黍稷。第四也是一种红土壤,可能是黄黏土壤,宜种大菽和麦,地下水味咸,距地面14汉尺。第五是一种黑土壤,其颜色大概表明它含有丰富的分解后的有机物质,适于种麦,其地下水距地面7汉尺,味苦涩,这种土质可能集中在河谷低地或河堤附近。

《地员篇》将丘陵的土壤分为15种。在这类地区,地下的水位为地表之下42—126汉尺。在最后五种土质中,有四种是在高海拔地区,地下水实际已深不可及。随着地势的逐渐增高,地下水的水位也愈来愈低,从高山到河谷呈现出一种阶梯

---

[1]参见夏纬瑛《管子地员篇校释》,及友于《管子地员篇研究》,载《农史研究集刊》,第一册,页17以次。

式的变化模式。对于丘陵地带的植物系统，文中却未有提及。

奇怪的是，对山区的叙述却更注重植被，并认为水源不成问题，似乎山区比丘陵还更容易够着地下水。对于丘陵和山地，都未描写土壤情况，也未说到肥瘠程度。

《地员篇》的后半部似乎出于另一个人的手笔。它首先泛论了不同草物所处的不同的地势高度，举出12种草物的高下次第，说明地势高低如何影响这些草物的分布。接着又转而泛论土壤，认为第一等级的土壤有三种土，如表10所示。这些分类表明作者认识到，土壤的肥瘠情况是由土质构造和水源供应共同决定的。

表10 土壤的等级

土壤	等级	色泽	土壤形状与特征	适宜的作物
五粟	A	五色	湿润但不黏结，坚实但不脆薄，不污车轮，不污手足	无不宜也
五沃	B	五色	坚实、紧密，但多孔隙，虫可在其中安居；湿润、松软	大苗、细苗；五麻
五位	C	五色	不坚硬、不灰散；细密；无论在高处还是低地都湿度适中	"大苇无"、"细苇无"，两种谷物，可能是粟类

肥沃程度（设定上述头等土壤肥沃程度为100）

土壤	等级	土壤形状与特征	适宜的作物
五隐	80	色黑绿，肥沃，粉灰状	稻的两个品种
五壤	80	粉灰状，湿润，可堆起来	水稻的两个品种
五浮	80	土层碎如米粒，保水好	稷的两个品种
五怸	70	坚实，但湿润	粟的两个品种
五垆	70	强力刚坚	稷的两个品种

续表

土壤	等级	土壤形状与特征	适宜的作物
五坺	70	色黄而又松软，像谷糠	黍的两个品种
五剽	60	色青紫，松软，像蛤蜊粉	黑黍的两个品种
五沙	60	砂质，如屑尘之可以扬起	黍的两个品种
五塥	60	黏结紧密，成团的大颗粒	两个种类的黍
五犹	50	状如粪	两个种类的黍
五壮	50	状如鼠肝	粱的两个品种
五殖	40	很湿润，但又是砂质	两个种类的稻
五觳	40	疏松，不耐水旱	两个种类的豆
五凫	30	硬实，但不够刚坚	旱稻
五桀	30	咸而苦	白稻

资料来源：《管子》，四库备要版，19：1—7。参见《中国农学史》，页144—150；友于《由西周到前汉的耕作制度沿革》，页35—36

尽管在《管子》中，对土壤的分类主要是基于土质和水的供应情况，但值得一提的是，《地员篇》的作者注意到了质地疏松的土壤没有肥力，这种土壤被描述为细软、疏松，容易凝成颗粒，等等。这类土壤很可能是植物养料成分因淋溶作用向下渗滤、流失的结果。在黄河和淮河流域，大部分土地都是棕色、棕灰色、栗色，以及由于近期黄土的沉积而完全石灰化了的浅栗色。这些土地一般来说很容易让养料流失。[1]

---

[1] 关于这种土壤的分布情况，见沈宗瀚《中国的农业资源》，页20—21。关于渗漏的过程，见B.T.巴恩廷（B. T. Bunting）《土壤地理学》（The Geography of Soil, Chicago: Aldine, 1967），页90—97，163—178。

《地员篇》在讨论了土壤问题之后,接下来当然是确认哪一种土质最适合哪些植物生长。这种顺应土壤优劣来予以利用的看法,大概非常普遍。不过,《吕氏春秋》的讨论却采取了不同的立场,主张对土壤主动地进行各种改良。[1]《氾胜之书》中的一个残篇宣称,土地的生产力不一定完全取决于土壤的构成,人们可以通过施肥来使土地变得肥沃。

农业土壤学承认土壤会随着时间而发生某些变化。[2] 这些变化不仅包括化学性的蚀化和机械性的位移等自然过程,而且还包括诸如耕耘和施肥等人为努力对土地施加的控制。人能够改造土地,使其完全不同于原来的结构。[3]

《氾胜之书》里有对土壤改良的专门讨论。坚硬的土壤可以通过提前细耕而变松,松土则可通过将草叶踩入土中,或不用草叶直接踩实而变得坚实。用动物的粪便、骨肥或蚕粪与种子拌在一起,是一种提高种子周围土壤肥力的方法,它可以使种子即刻得到充分的养料供应。[4] 汉代学者早已将拌种视为一种土壤改良的方法。汉代注释家郑玄在评注《周礼》中的一段

---

[1]《吕氏春秋》,第26卷,页6,以及本书的导论。
[2] 巴恩廷(B. T. Bunting)引用了多库恰耶夫(V. V. Dokuchayev)的论述:"土壤不仅按空间角度看容易变化,而且按时间维度看相对地也不稳定。事实上,我们不知道有什么土壤可以永不改变它的特性。"巴恩廷:《土壤地理学》,页78。
[3] 巴恩廷:《土壤地理学》,页19,130—131。
[4] 见石声汉在《氾胜之书今释》里的注释,页58—60。他指出蚕粪里含有大量的钾、氮、磷、植物生长素和维生素,还有各种复杂的微生物群;骨肥也为土壤带来了易溶解的营养盐、有机物质和骨胶原,它们能帮助维持微生物的活动。

文字时说,改良土壤的方法包括因地制宜地选择农作物种类,和用动物的骨粉拌种。郑玄还明确指出,这种土壤改良方法和氾胜之介绍的方法完全相同。[1]

事实上,即便是新土地也已经过人工的改造,这一改造过程在开垦处女地时就开始了。无论是在林区还是在草地,人们总是先烧掉原来的植被,并在耕种之前让灰烬在土壤中分解掉。而这种经过分解的草木灰,当然会给土地提供很珍贵的养料盐。[2] 这种土地垦殖的方法虽与刀耕火种有些相似,但它的目的却是在伐倒树木的当年只进行有限的耕作,而在第三年之后使之变成沃土良田。这种习俗早在商代时期就开始出现,并在西周的文学作品中得到生动的描述。[3] 当然,人们还通过施肥和灌溉,持续不断地改变土壤的特性和品质。在某种程度上,土地是被人操纵控制的,而不是人被土地支配着去选择种植什么作物。

汉代中国的肥料主要有两种,即绿肥与粪肥。在中国,人们很可能早在公元前11世纪就开始有意识地使用绿肥,至少

---

[1]《周礼注疏》,16:4b。石声汉:《氾胜之书今释》,页56—57。
[2]《周礼注疏》,37:2b—3b。一个与此处讨论密切相关的问题是"火耕水耨"的方法,我们将在第五章讨论它。
[3] 张政烺:《卜辞裒田及其相关诸问题》,《考古学报》,1973年第1期,页93—105。参见《毛诗正义》,16—4:3(理雅各的英译《中国经典》,4:448)。不要将这种垦殖过程与休耕制度混为一谈,见友于《由西周到前汉的耕作制度沿革》,《农史研究集刊》,第二册,页3—4。

这种自觉不会晚于公元前5世纪。[1]《礼记》中的一篇文章很可能是有关绿肥的最早记述。在《月令》篇中,有一节讨论了如何在晚夏时节斩烧杂草,然后浸之于水,以便高度的暑热加速其分解过程,从而"可以粪田畴,可以美土疆"。汉代的农书《氾胜之书》中,也有一段关于利用绿肥的记述。作者警告说不要在杂草开始生长之前翻动土地,要待杂草长出之后再将其翻埋于土壤里,杂草腐烂后就可以改善农田的土质。

"粪肥"包括人和动物的粪便。一位农史学家最近论证说,人们早在自觉地、普遍地将肥料用于农业生产之前,就已将自己居住地的粪便作为肥料施用于居所附近的园圃了。[2]到如今,中国的菜地秧圃仍在用来自城市的粪便。从古汉墓群中发掘出的陶制房屋、农舍等模型里包括有厕所,这说明它们的重要性不仅仅在于是住所的一个组成部分。[3]除了人的粪便,猪和家禽也是粪肥的主要来源。这与欧洲非常不同,那里的肥料主要来自牛粪和马粪。欧洲的农民拥有大量的休耕地,从而为牲畜的牧养提供了广阔的空间;而中国汉代的农民根本没有休

---

[1] 陈良佐:《我国历代农田使用之绿肥》,《大陆杂志》,第46卷,第5期,页1—2。《中国古代农业施肥之商榷》(此为许倬云:《两周农作与技术》的附录),《历史语言研究所集刊》,第42卷,第4部分(1971),页829—842。
[2] 陈良佐:《中国古代农业施肥之商榷》。
[3] 以洛阳烧沟发掘的汉代墓葬为例,在24个墓里,发现有26个陶土的猪圈模型,里面往往还有猪的模型。这些猪圈位于厕所旁边,两者下边都有管道通往下面陶土的盘子,这显然是代表蓄存人畜粪的池子。洛阳区考古发掘队:《洛阳烧沟汉墓》,页141。

耕的条件，不得不对有限的土地进行持续地耕种。汉初有人曾估算，农户全部生产收入中有20%来自"六畜"（鸡、狗、猪、马、牛和羊）。这一特殊的类别里还算了"糠秕"[1]，这表明它的构成中既包括饲料的价值，又包括家畜的价值。由此可推断出，饲料和家畜这两项收入分别在总收入中占的比例，都离20%还差一大截。[2]这一数字当然远远低于欧洲农户收入中畜牧生产所占的比例。

汉代农民为改良土壤而付出的艰辛努力，表明土地的珍贵和农民没有力量购置大块的土地。有限的家畜饲养，也凸显了将土地最大限度地用来生产粮食和经济作物的必要性。更有甚者，农作的规模小和上述两个问题加在一起，就构成了一个恶性循环：人们对精耕细作投入的力量愈多，他们进行大面积生产作业的可能性就愈小；动物粪肥的来源愈贫乏，大面积改良土壤质量的可能性也就愈低。显而易见，用粪肥改良土壤、拌种以及有限的禽畜饲养，这些都表明了汉代的农民不得不采用小农经营的方式。

水利灌溉

水利灌溉是利用自然资源的最主要方式之一。要实现水利

---

[1]《管子》，四部备要版，17：11a。
[2] 友于：《由西周到前汉的耕作制度沿革》，页13—14。

灌溉，我们至少有水库、引水渠和水井这样三种方式。兴修水利的目的也有三个，即浇灌农作物、改善盐碱地的土质和防治洪涝。在汉代中国，这些各有特点的水利方式，使得不同的地区都可以有适应自己情况的选择。

汉代之前，在现在的陕西省、黄河中下游地区、淮河和汉水流域，以及四川盆地，水利灌溉系统有了长足的发展。汉代修建的水利工程，大多数也集中在这些区域。[1] 有三项早期的水利工程引人注目，它们对于满足当地土壤和作物的需要有重要的作用。其中最久远的，是位于现在安徽北部、淮河支流上的芍陂。它是在楚庄王时期（前613—前591）的楚国相国的主持下修造完成的，中间一度遭毁弃，在建成100年后，整个系统又进行了修复。我们所能得到的各种历史记载，特别是5世纪时的历史地理学著作《水经注》，讲的似乎都是大规模修复后的芍陂的情况。不过，芍陂水库的基本特征可能与最初修建时没有什么两样，它是靠拦蓄两条河流的水来灌溉100万亩稻田。芍陂水库周长120多里，有五座进水和放水的水闸。[2]

---

[1] 冀朝鼎认为，黄河流域的黄土区与淮河、汉水流域是中国历史上最早的核心经济地带。四川盆地虽然有些偏于边缘，但在公元前3世纪水利网络兴修后也具有战略性的地位。见氏著：《中国历史上的核心农业区域》，页66—70，75—80，96—97。最近对《水经注》记载的灌溉工程所作的统计显示，汉以前的61个水库中有48个在黄河流域，而14条水渠中除了1条外，都在上述3个区域内。黄耀能：《水经注时代所出现的中国古代渠陂分布及其所代表意义》，《幼狮月刊》，第43卷第5期，页56以次。

[2]《后汉书集解》，76：6b；《水经注》，四部备要版，32：5b—8a。

淮河流域属于水稻产区,芍陂保证了稻田的水源供应,其主要功用就是使水的供应保持稳定。

漳河流域的灌溉体系具有不同的目的。这一工程或者是由魏文侯时期(前424—前387)的西门豹主持的,或者是由魏襄王时期(前334—前319)的史起主持的,或者是由他们两人前后相继完成功业。它引来漳河水浇灌农田,目的是要将该地区自古形成的盐碱地改造成能种植稻、粱的良田。[1]与此类似,位于现在陕西境内、以主持工程的工匠的名字命名的郑国渠,也是为了将盐碱地改造为良田沃土。这一规模宏大的水利体系,将含沙量高的泾河河水引到地力贫瘠的土地上,使之形成一个肥沃的表土层。[2]邺与郑国渠的所在地——关中——属于黄土地区,那里充足的水源既可以消融土地中多余的盐分,又可以通过毛细孔作用,将黄土深层的矿物质输送上来。但这种土质结构也很容易使土壤里的养分因淋溶作用而流失,每年汛期里洪水带来的淤泥沉积,是对这种土壤的极好补偿。

第三项水利体系,是公元前4世纪李冰在四川盆地修建的都江堰(前306—前251)。依据古籍的记载,这一治水工程原先是为了改善水路交通,要将有岩石和瀑布碍事的河道分成两条水道,引水浇田只是一个附带的功用。然而,现在灌溉却成了它的主要功能。经过大约2300年,都江堰至今仍保存完好,

---

[1]《史记会注考证》,126:31;《吕氏春秋》,16:11b—12b;还可见《汉书补注》,29:5a。
[2]《汉书补注》,29:6—8;另可见该书29:5b—6a的类似段落。

并得到充分的利用。[1]四川盆地的气候和土壤条件适合种植水稻,都江堰则将水引向成都平原灌溉稻田,这种水源来自石质的山地,不含泥沙。比照芍陂和邺的水利体系,都江堰工程更接近于前者的类型。

虽然奇怪的是,汉代若干治水工程最初或最主要的出发点不是农田灌溉,但工程的功用实际上与以前一样。汉代第一项重大的水利工程,是公元前130年开挖一条人工运河,为的是缩短从东部地区向人口稠密的畿辅地区运粮的路程。数万人用了3年时间,才开挖出了这条300里长的运河,运河两岸的上万顷农田也因水源伸手可得而受益。[2]数年后,从东部向畿辅大批运粮的沉重负担,再次迫使人们考虑新的解决办法。与畿辅隔黄河相望的河东郡太守提议,对5000顷(或者说50万亩)荒地实行灌溉,使畿辅附近地区也可以种粮,消除或减轻东粮西运的负担。按照他的计划,就要开挖一些人工水道,将黄河及其支流汾河的水引进河岸边现在用作放牧和饲料种植的荒地。不过,这项工程后来因河流改道而告失败。[3]在这个事例中,颇让人费解的是河岸两边的土地为什么会需要专门浇灌。一种可能是这些土地实际上是由于早先的河流改道,河床裸露而产生的;现在又是河流的再次改道,使得那些新开挖的水道荒废了。还有一种可能,是那里容易因淋溶作用而走失营

---

[1]常璩:《华阳国志》,四部备要版,3:4a。
[2]《汉书补注》,29:6b—7b;《史记会注考证》,29:10。
[3]《史记会注考证》,29:10—11;并参见《汉书补注》29:7b。

养的土壤，需要河水带来的淤泥沉积做地表土。5年后，为了灌溉另一部分盐碱地，人们又修建了一系列地下水道（或称井渠），将水引到田里，[1]这种方式的灌溉不会带来沉积的淤泥做地表层。在这个事例里的水利建设，不但可以冲刷掉土地中的碱性物质，而且还可为水稻之类喜水的高产作物提供水源。汉代时当地确实种有水稻，但今天陕西已不再是一个重要的稻米产区。[2]

公元前111年，在郑国渠的基础上开挖了六辅渠，以灌溉高处的农田。[3]公元前95年，又开挖了一条新的大型水渠，使京畿一带增加了4500顷水浇地。当时种植的农作物是禾谷的两个品种，泾河水带来的大量淤泥起了重要的作用。[4]

公元前1世纪以前和该世纪内在畿辅地区修建人工河渠的目的，实际是在逐渐变化着：[5]首先是为了运输的需要，然后是为了开发土地，最后转向了灌溉作物。到了开挖六辅渠的时候，皇帝颁发的诏令中强调了水对粮食作物的益处，其中水稻作为畿辅地区的一种作物被特别点到。[6]说来都是为了确保首都一带能得到充足的食物供应，解决的办法先是从东部调运粮食，然后是扩大农田的面积以增加本地的粮食产量，最后则是

---

[1]《史记会注考证》，29：12—13；《汉书补注》，29：8b—9a。
[2]《汉书补注》，65：7b—8a；并见29：20a—b。
[3]同上书，29：11b—12a。
[4]同上书，29：12a—b。
[5]同上书，45：15b。
[6]同上书，29：11b—12a。

通过水利灌溉提高特定地区的单位产出。

诸如稻和麦这样喜水的农作物的普及，必然导致对水利灌溉需求的增长。何炳棣记录了不同农作物水分蒸发率的不同，他的发现，见表11。

表11　农作物对水的需求

	第一次试验		第二次试验	
	指数	效能	指数	效能
粟	274	3.65	224	4.46
高粱	285	3.51	268	3.73
小麦	500	1.82	303	2.48
玉米	361	2.77	—	—
大豆	646	1.55	—	—

资料来源：L.J.King：《世界上的草本植物》，表6，页180，为何炳棣引用，见其《黄土与中国农业的起源》，页131，表6

依据这张表，诸如麦和豆这样的旱地作物，对水的需求比起黍和粟来要翻一番多。[1]稻是水生植物，需要的水分就要大得多了。在本章的开始我们提到过，麦和豆，加上黍，是汉代最重要的主食，而稷的地位已经大不如前。主要农作物对水的需求的增加，也许与自然灾害记录中旱灾数字的明显增加不无关系。关于先秦和秦汉时期到公元前1世纪早期为止的大旱灾

---

[1] 中国北方年降水量的分布不均，使得问题更为严重。四月和五月是麦最需要水分的时期，而这两个月的降雨往往是不充足的。竺可桢：《论我国气候的几个特点及其与粮食作物生产的关系》，《地理学报》，30，第1期（1964），页4—5。现今西安年降水量是22.6英寸，而在四月和五月（农历）作物最需要水分的时候，平均降水量不到4英寸。《麦克来尼中国地图集》（1972），页54—55。

的频率，见表12。

表12　旱灾的频率

时期	时段跨度（以年为单位）	发生次数	时间间隔（以年为单位）
1.前722—前480	242	17	14.23
2.前479—前247		无记录	
3.前246—前180	66	7	9.4
4.前179—前141	39	5	7.8
5.前140—前87	53	13	4.07
从第3时期到第5时期的平均时间		6.32	

资料来源：材料来自友于《管子度地篇探微》，页8—9。无法检验这些数字的可靠性

洪水也在增多，但洪水增加的方式，尤其是进入第四时期后激增这一点，与旱灾增加的模式不同。[1]对于洪水频率的增加，一种不无道理的解释是，人口增加导致靠近洪水多发地带边缘的土地也住了人；一种解释是，水资源的过分使用导致了水土流失。[2]

---

[1]洪水频率也增加了，见下表：

时期	时段跨度（以年为单位）	发生次数	时间间隔
1	242	11	22
2		没有记录	
3	66	3	22
4	39	4	9.75
5	53	6	9.38

资料来源：友于《管子度地篇探微》，页8—9
[2]《汉书补注》，29：20b—21a；《全后汉书》，15：1a—b。

西汉时畿辅地区巨额的人口增长，对农业生产造成了巨大的压力。当时的畿辅地区包括都城及其附近的两个郡，人口一共是700万。帝国的名流、富豪和政府官员，还不时地被命令移居到这一地区。通常当一个皇帝开始修建自己的陵墓时，就要新立一个县，以供自己这代的世族大姓居住。[1]为了供应京畿的常规居民以及轮流卫戍京畿的军队，每年需要从东部运进400万石到600万石的粮食。[2]在西汉因内乱而覆灭后，长安一带的畿辅地区才不再是各种活动的中心，人口减少了，旧的水利体系由于缺乏管理也残破衰败了。公元181年的一块石碑就讲到了某一水库如何起不了作用，以及一个城镇如何由此遭了洪水。[3]

新的核心经济区域逐渐发展起来。黄河中下游地区一直为这条多泥沙的河流的频繁洪水所困扰，但人们却也享有了洪水带来的大量肥沃的淤泥。随着人们日益在靠近河岸的地方种植庄稼，黄河的洪水亦变得愈益剧烈，因为水利灌溉使黄河的流速减慢了。[4]最有效用的水利体系还是在黄河和淮河各支流上发展起来的，早在公元前2世纪，这些区域就已开挖各种人

---

[1]劳榦：《两汉户籍与地理之关系》，《历史语言研究所集刊》，第5卷（1935），页198—201。
[2]木村正雄提出，新的可耕地的开发与帝国政府对农民实施直接控制的意图有关联。木村正雄：《中国古代帝国的形成——尤其是成立的基础条件》，页199。
[3]《隶释》，四部备要版，2：14a—21a。
[4]《汉书补注》，29：15a—b，20a—21a；《全后汉文》，15：1a—b。

工水道引水灌溉。[1]按照冀朝鼎的统计,两汉时期(前206—220)修建的56个治水工程里,18处在陕西,19处在河南,山西有4处,河北有5处,还有1处在安徽。[2]黄淮流域的大多数工程是在东汉时期动工的。[3]其中一个雄心勃勃的洪水治理工程是在公元69年,当时数十万民工被组织到一起,开挖河沟达上千里。[4]

汉水和淮河流域的南阳、汝南地区,是一个至关重要的区域,这里的雨水比先前的京畿地区关中更加充足,气候总体上处于产稻区与产麦区的过渡地带。这种情况下,水利灌溉便在选择种什么作物上有着重要作用。[5]汉代时就在这一地区修建了规模不等的各种水库,其中最早的一个大型工程是于公元前1世纪晚期修建的。南阳郡可以引水灌溉的田地有数十处。虽然可灌溉的面积总和颇为可观,达3000顷之多,但各个水利设施的效果单个看似乎比较有限。这方面现有最早的历史资料,是一段为了避免纠纷而规定如何分配水的碑文,其中郡的

---

[1]《史记会注考证》,29:17—18。邹豹君指出,在这些支流流域可以看到古代中国文明的基础,见《中国文化起源地》,《清华学报》,卷号不详,第6期(1967):页22—34。

[2] 冀朝鼎:《中国历史上的核心农业区域》。

[3] 木村正雄发现,这些工程中有一些其实是在先秦时兴建的。见氏著:《中国古代帝国的形成》,页159以次。黄耀能:《水经注时代所出现的中国古代渠陂分布及其所代表意义》,页56以次。但是时间似乎无法确定。

[4]《水经注》,5:7b—8a。

[5] 关于天气情况,见《麦克来尼中国地图集》(1972),页54—59。

官府看起来只是充任仲裁者，而不是直接介入管理。[1]

另一个重要的水库是汝南的鸿隙陂。它初建的时间不明，但大约在公元前15年由于引发洪水而被废弃了。[2]人们抱怨将这个陂塘毁弃的做法，说这使他们只能有芋头和豆类做主食。这说明这个陂塘是为比芋头、豆类更需要水分的作物提供灌溉的，可能就是稻。这个水库约在50年后又修复了。据说汝南在整个东汉时代，一直是水利体系发达的地区。水渠、水库和水闸构成了这个水利体系的特征，它们的功用似乎就是灌溉稻田。[3]

修建水利设施的做法普及到了许多地区。在淮河流域、长江流域，乃至远到南方应该是以稻为主食的今日越南一带，为了灌溉之需，水渠在开挖，水库也在四处兴建。[4]因为不时地要对旧的水利系统修修补补，粟麦产区也没有闲着。例如，公元2世纪时，中央政府就对今日山西境内的设施进行了修复。[5]北方之所以需要水利灌溉，可能不仅是为了弥补雨水的不足，而且也是因为要对付土壤的盐碱问题。[6]

汉代人民控制水利的能力已颇具精致的技巧。举例言之，关中白渠注入大坝前要经过至少50里长的输水道，水位提高

---

[1]《汉书补注》，89：13a—b。
[2]同上书，84：20a—b。
[3]《后汉书集解》，15：8b；29：8a。
[4]同上书，86：14a；24：9b；25：10a；44：2b—3a；24：24a。
[5]同上书，5：10b。
[6]同上书，5：10b；8：6a。

到相当的高度后水流激冲而下,冲程有相当的距离,能使重浊的泥沙沉淀在渠中。[1]汉代水利工程的精致程度,可由天井堰的工程设计觇见:这一灌溉系统经历数度挡水,逐级而下,最后用过的水流又回到水渠。[2]在另一水利系统里,如果下大雨,水库就停止向农田供水,水渠则改为从农田里排除积水。[3]甚至单纯的渠道用水,也有复杂的沟渠系统,适量分配用水,流入田亩。[4]机械设施也有相当程度的发展,如在要将水从低处引向高处时,就使用了水车和曲筒。这两种工具今天在中国乡村里还可以见到。[5]

灌溉工程的规模当然大小不等。大型的兴建都是由朝廷组织,往往有数万民工干好几年;小型的则由地方官府负责。某个工程就用了4万个工。[6]也有可能某些地方工程由官府主持,但由民间出资。[7]西汉时期,中央政府有专门负责水利的部门,它往各地派遣主管官员。然而,到光武帝时则将水利官员改为由郡一级管辖。[8]这一管辖权的变更也许表明水利兴修已经无

---

[1] 友于:《管子度地篇探微》,《农史研究集刊》,第一册,页10—11。我们同意友于的观点,即《管子》的"度地"篇是在汉武帝时成篇的,其内容涉及白渠系统。
[2]《水经注》,10:6b。
[3]《水经注》,9:9b—10a。
[4]《周礼注疏》,16:5a。
[5]《后汉书集解》,78:20b。
[6]《水经注》,14:7a—8b。
[7]《隶释》,15:7b—9a。
[8] 参见木村正雄《中国古代帝国的形成》,页212—213。

须官府的强制推动，它已为数众多，成了普遍的实践，从而有必要将主动权交给地方官们。

民间兴建水利工程实际上也不在少数。富人们为了灌溉自己的田地也会修建陂塘，一如南阳樊氏宗族所做的那样。虽然樊重的外孙是刘秀（日后的光武帝），但陂塘的修建却是在刘秀称帝之前，所以仍属于私人性的行动。[1]一条碑文记录了另一件有趣的例子：一个小型的社区集体打井找地下水，有91个人捐了钱，共募集了数十万钱，捐钱者的名单里没有人被标明是官员。可见，兴修水利不仅是官府关心的事情，而且成了普通百姓注意的问题，他们会联合起来主动行动，共同承担开销和负担，也共同享有其益处。[2]

近20年前，考古学家在洛阳发掘出了97个陶土制水井的模型。这一现象表明，汉代农村普遍都有水井，偶然是一家有自用水井，大部分情况是数家共用。陶土模型的井通常都是狭长的形状，并配有辘轳、锟和吊桶；在井架下方就有水槽，水槽的另一端有出口，整个的组合显得非常便于汲取饮用水。那对并列于井口的吊桶可以轮流上下，有出口的水槽则很可能是一个灌溉水沟的开端。[3]

小的池塘也可用于灌溉。在四川发现的汉墓葬的稻田陶土模型，常常直接与一个小池塘模型连在一起，池塘里有鱼、

---

[1] 瞿同祖：《汉代社会结构》，页286—287及注166。
[2]《隶释》，15：15b—18b。
[3] 洛阳区考古发掘队：《洛阳烧沟汉墓》，页125以次，页241。

船,甚至还有青蛙。[1]

总之,汉代农民有许多途径利用水。开始是由政府主持水利兴修,通过改良土壤以扩大可耕地面积;以后趋势逐渐发生变化,转向无数民间小型的水利兴建,目的是提高土地的产出率。人们通过在降水不足时进行灌溉,或者通过提供充足的水以种植高产、高收益的作物,来达到增加产出的目标。前一种政府的实践,如木村正雄指出的,的确与次级可耕地的开发相关。而后一种实践则应当被看成是农作技术的进步,它或许与农民在自家的农地上追求最大产出的动机有关。

本章讨论的是,汉代农民是在何种条件下发展农业技术的。他们在种植什么农作物方面有相当多的选择,无论是只种一类,还是选出一组来轮作,都是如此。面对着多种多样质地的土壤和各种类型的气候环境,他们认定人为努力可以改良土壤,使其适合种植。由于控制水资源并非易事,农民自己经常不能单独开发水源。因此必须要同一个社区彼此合作,尽量找到足够的水源,共同使用。如果人能够轻易地掌握水源,汉代的农民就不至于如此念念在兹,尽量开发或共享水资源,以求提高生产力。

---

[1] 冈崎敬:《论汉代明器泥像中的水田水池》,《考古学杂志》,第44卷,第2期(1958),页65以次。四川省博物馆:《四川省牧马山灌溉渠古墓清理简报》,《考古》,1959年第8期,页423;四川省博物馆文物工作队:《四川新津县抱子山崖墓清理简报》,《考古通讯》,1958年第8期;刘志远:《成都天回山崖墓清理记》,《考古学报》,1958年第1期,页97。

第五章　耕作方式与方法

农作规模

汉代农作规模一般都不大。农史学家们估计，在秦统一前不久，秦国农民所拥有的土地要比理想的108小亩小得多[1]。在关东诸国，人口稠密地区的农民更是开垦了诸如沼泽地和山坡阴面这样边缘性的土地。但即使如此，由于人口太多，人均拥有的可耕地面积仍然比秦国少得多。[2]托名《管子》的那部著作实际上是汉代成书的，其中注意到了人口的稠密或稀疏，决定了土地的使用情况。[3]郭文韬依据《管子》的材料估计，

---

[1]《商君书》，四部备要版，4：1a—b。这里的亩是以100步为长度计算的，比汉武帝时期的240步要小，故称"小亩"。参见《盐铁论》，3：5a—b。
[2] 友于：《由西周到前汉的耕作制度沿革》，《农史研究集刊》，第二册，页6。
[3]《管子》，5：3a。

当时每个农户平均拥有的土地至多是110150小亩。[1]公元2年以及2世纪时的可耕地与人口比例显示,每个农户大约拥有70亩土地,这相当于168小亩土地。[2]

1973年,在湖北省江陵县凤凰山发掘了一批汉墓,其中出土了一些有关佃农农田规模情况的简牍:

农户	A	B	C	D	E	F	G	H	I	J	K	L
劳动力	1	1	2	4	2	2	2	2	2	3	2	2
人口	1	3	4	8	2	3	4	4	4	6	6	6
农作规模(以亩为单位)	8	10	12	15	18	20	20	20	20	20	21	23
农户	M	N	O	P	Q	R	S	T	U	V	W	
劳动力	4	3	2	3	3	4	4	4	4	4	4	
人口	7	6	3	4	4	4	5	4	4	7	5	
农作规模(以亩为单位)	23	27	30	30	30	30	30	32	33	37	54	

每户平均农作规模为20亩至30亩,每人5亩至7.5亩,或者每一个劳动力6.6亩至10亩。[3]这些数字比《管子》中的数字要小得多,可能是因为佃农农作规模就是比自耕农要小。也

---

[1]郭文韬:《中国古代农作制知识的考察》,《中国农报》,1963年第9期,页43—44。友于从《管子》的另一篇里推导出的数字比这大得多。但他的解释看起来有些别扭和含混,参见友于《由西周到前汉的耕作制度沿革》,页12。
[2]参见第18页表3里的可耕地与人口的比例。将此处大亩的数字乘以2.4就可得出相应的小亩数,换算后的小亩数为:公元2年——163.2;105年——189.6;122年——172.8;144年——165.6;145年——168.0;146年——177.6。参见马乘风《中国经济史》,第二册,页352。友于《由西周到前汉的耕作制度沿革》,页12—13;郭文韬《中国古代农作制知识的考察》,页43—44。
[3]黄盛璋:《江陵凤凰山汉墓简牍及其在历史地理上的价值》,《文物》,1974年第6期,页71—72,页76;弘一:《江陵凤凰山十号汉墓简牍初探》,同上,页81—82。据推测,这些材料是公元前153年的,有两家农户的材料因为信息不完整而未引用。

有可能是因为南方的稻田农作规模就是比北方旱地农作要小,这即使在今天也没有两样。按照晁错的说法,一个农户通常只耕种100亩地。

有若干必不可少的开销如购买衣物和纳税等必须用现金,这可能促使农民最大限度地去利用土地。尽管理论上土地税应根据产量收缴,但实际上土地税是依据土地面积征收的,这倒使农民在尽量多地生产时没有顾忌了。结果发展为农民反复使用土地,要么是重复种同样的作物,要么轮换种植不同的作物。耕种也由一年一熟发展为一年多熟。

一年多熟的体系

第一次提到作物轮种的书是《吕氏春秋》,这是一部在秦统一前完成的著作,其中就写道:"今兹美禾,来兹美麦。"[1]

最早说到一年两熟的话是:"今是土之生五谷也,人善治之则亩益数盆,一岁而再获之。"[2]汉代初期,黄河下游流域就采用了一种复种的方式,可以四年五收。[3]

现存最早的农书《氾胜之书》的残篇,提到了收完粟谷接

---

[1]见本书导论中关于先秦时期农业水平的讨论。参见友于《由西周到前汉的耕作制度沿革》,页10;郭文韬《中国古代农作制知识的考察》,页43。
[2]《荀子》,6:5。
[3]《管子》,15:15a。郭文韬:《中国古代农作制知识的考察》,页44。

着种小麦的情况,即公元前1世纪晚期的庄稼轮种。[1]在东汉时期,农民收获完粟谷即种小麦,收获完小麦又种粟谷或豆菽,这可能是一种两年三熟的做法。[2]从《四民月令》描述的工作日程表里,我们可以得出一些有趣的发现。其中描述的农民在一年中不同的时间里要数次买卖谷物。至少在八月份这次,他们要一面出售小麦,一面购买粟谷。如果农民买进粟谷是因为其收获季节的价格低廉,那么出售小麦则可以解释为是因为正当小麦下种季节,存在着要购买麦种的需求。[3]

除了作物轮种外,还有几种蔬菜的间作套种,由此可见当时土地使用的精细化程度。《氾胜之书》提到了西瓜、大葱及大豆三种作物的间作套种。粟谷同桑树种子一起播种,这样可用烧过的粟谷灰给桑树做肥料,而且因为小桑树所需空间不大,还可利用树间空隙种植菜蔬。

当然,土地的这种精细利用在农业发达的关中地区和黄河东部平原相对普遍,在黄河与汉水上游之间的地带也是一样。农业不太发达的区域实行的还是粗放耕作。例如,西汉时期南方长江流域的肥沃土地上,农民仍未告别简单的刀耕火种模式,这里巨大的生产潜力要在大量移民来到后才会迸

---

[1] 郭文韬:《中国古代农作制知识的考察》,页44。
[2]《周礼注疏》,34:5a;16:5a。郭文韬:《中国古代农作制知识的考察》,页44。到了《齐民要术》的时代,即公元6世纪时,两年三熟制相当成熟了。关于这一问题的权威著作,见米田贤次郎《齐民要术中的两年三熟》,《东亚史研究》,第17卷,第4期(1959),页407及全文各处。
[3] 米田贤次郎:《齐民要术中的两年三熟》,页423。

发出来。[1]

新耕作模式——代田

复种和轮种是从时间方面安排种植，以求最经济地利用土地。除了这种时间上最优化的安排，还有空间上最优化的利用，这就是尽可能地密植作物，使得单位面积里有最多的增产，但又不密集到使作物没有足够的养分和生长空间。公元前1世纪初期，在赵过的宣传下，西汉朝廷开始注意一种叫作"代田"的农作方式。班固在《汉书》里概述了这种方法，然而，由于行文非常模糊和简短，所以历史学家们的理解也各不相同。

代田的方法是：在1亩地里犁出若干条并行的沟，将从沟里犁起的土壤堆在沟旁形成1尺高的垄。将种子播种于沟内，随着作物生长起来，逐次地将垄上的土推下来，培壅苗根。最终，直到垄被削平，所有的土全部推回沟内。次年，又在先前的沟之间，即先前垄的位置，开出新沟。赵过为了满足新耕作方法的需要，还改进了农具，并在政府公田上进行了代田法的试验。结果表明，比之在不挖沟的田地里播种的老方法来，新方法产量要高得多。[2]

---

[1] 本书第151—153页有对刀耕火种及其与稻谷种植关系的较为详细的讨论。
[2]《汉书补注》，24A：17a—19a。

有人曾错误地将代田法当成是"三田"制（或更确切地说是"二田"制）的一种类型。三田制是让部分土地休耕闲置。但按照代田法，因为垄上的土得逐次推回沟内以培壅正在生长的根苗，所以认为各沟之间的那部分田地闲置着，是不准确的。[1]

代田法是一种垄作法。将田地区分成条理井然的沟和垄有四点好处。第一，与播种过密导致作物群集丛生相比，种植时整齐的分行排列，使得作物容易通风好、阳光充足。甚至在汉以前的农作里，通风良好的重要性就已至少在原则上被注意到了。[2]第二，汉代的犁无法进行深耕。将垄上的土逐次地推入沟内，使得培壅苗根的土壤日益厚实，可以弥补这一缺陷。[3]第三，作物在生长早期，容易为强风吹得倒伏，也易丧失水分。这是华北干旱土地上的两个老问题。把作物种在沟里就既可使幼苗免于风灾，又可保持土壤和作物枝叶的湿度。[4]第四，作物在垄间的分行排列使农民可以在作物之间走动，方便了锄草，而锄草是精耕细作的重要工作。[5]

---

[1] 主张代田法是让一半土地闲置这一假设的，是陶希圣和陈啸江。见陶希圣《西汉经济史》，页67，及陈啸江《关于一亩三甽问题的商榷并答杨君》，《食货》，第2卷第1期；参见友于《由西周到前汉的土地耕作制度沿革》，页11以次，及杨仲礼《再论一亩三甽岁代处》，《食货》，第2卷第4期。
[2]《吕氏春秋》的有关段落在本书的导论里讨论过了，页7—9。还可参见我的论文《两周农作与技术》，《历史语言研究所集刊》，第42卷，第4部分。
[3] 关于汉代犁的特点，本章稍后将讨论。
[4] 中国农业遗产研究室：《中国农学史》，页151。
[5] 西嶋定生：《中国经济史研究》，页98。

汉代早期盛行的是密集播种，将垄作法与其做一比较，就能看出垄作法的优点来。《吕氏春秋》涉及农作的篇章曾谈到，合理通风、作物空间分布的条理化、避免强风、不断的田间锄草等都非常重要，表明作者对其时代的农作问题有清楚的认识。在当时一首有趣的关于犁耕的歌谣里，可以看见对密集播种做法的生动描述[1]：它描写了在田地翻耕后，就播下大量的种子；还描写了此后的疏苗、间苗以让作物有生长的空间，以及田间锄草等劳作。[2]

撒播法是粗放农作的做法。这样在播种时虽可以节省劳力，但浪费种子，而且日后幼苗长出后密集丛生，又不得不付出额外的劳作去疏苗、间苗和锄草。由于田间管理的空疏，产量必定高不了。相形之下，代田法却是精细化的农作。尽管它要求在播种前整治土地，但这种预先的准备已使作物有合理的生长空间，经常锄草也有便利的通道，因而减少了后续劳作，并且还提高了单位面积的产出。

代田法的另一个贡献，是对工具的改进，尤其是对牛拉或人拉的犁的改进。要挖出笔直的深沟，让土壤翻起形成垄，就必须使用犁。《汉书》里提到当时的耕地和播种的器械都改进了。依照代田法，作物要分行排列，而这要求种子在播下时方位就条理井然。大约晚两个世纪的崔寔，曾经提到赵过的犁的

---

[1]《史记会注考证》，52：4。
[2] 西嶋定生：《中国经济史研究》，页95—98。

优越性——三个一套的犁由一头牛来拉,耕地和播种的整套工作一个人就够用了。[1]这种犁可能并非是三个犁铧,而更可能是一个播种的耧,加上两个轻便的犁。耧带有一个下种的槽,可以在固定的间隔里播下种子;犁则翻开土壤,盖住种子。有一幅汉墓中的壁画,描绘了一头牛拉三脚耧的情形。这座公元1世纪的汉墓的发掘者报告说,画中的三条"腿"(也就是犁铧)图像清晰可辨。[2]无论是在将田耕成沟垄时,还是在顺沟播种时,犁都在保证直线操作上有重要作用。

关于汉朝政府推广代田法的动机,学者之间存在着分歧。一派认为政府推广代田法就是为了满足大地主的利益,尤其是要让容易获得政府公田的政治特权集团从中受益。这种观点的主要论据是代田法需要畜力牵引,而牲口是相当昂贵的。另外还有一个依据出自《汉书》,该书中有一句话可以解释为:是政府敦促享有特权的大地主使用这种新方法耕作的。[3]

反对这一论点的人强调,汉武帝时的政策是鼓励小农户发展生产,对当时的大地主一般是予以压制的。他们对《汉书》中的那句话做了另一种解释,认为政府当时在向普通农户传授

---

[1]《全后汉文》,46:11a—b。
[2] 山西省文物管理委员会:《山西平陆枣园村壁画汉墓》,《考古》,1959年第9期,页463,及图Ⅰ,4。参见中国农业遗产研究会《中国农学史》,页154。这里征引的是《齐民要术》的资料,该书将汉代的这种形制的犁类比为自己所处时代的三脚耧,见石声汉《齐民要术今释》,第一册页13。
[3] 伊藤德男:《代田法的考察》,《史学杂志》,第69卷,第11期(1960)。《中国农学史》,页155—156。

这种新的耕作方法。[1]

运用代田法并不一定需要畜力,现存文献清楚地表明,如果农民没有牛,可以用人力替代。实施代田法的农田也不必是大面积的,当初的试验田就不大,是位于宫廷院中墙边的小块土地。依靠各家农户临时换工、合作拉犁的农作,都是小规模的。否则,人们会永远无法按时完成农活。

在大面积农田里使用代田法也一样有好处。原文所谓农田500亩的标准,就是相当大的规模。现在从居延汉简可以证明,当时的确在政府公地上运用过代田法。居延简牍中"代田仓"和"代田",在军事屯垦区是经常使用的名称。从代田法的建议上奏朝廷,到边疆实际运用代田法,只用了两年时间。[2]既然实行代田法的历史材料既涉及个体农户自己的小块农田,又涉及边疆屯垦区由军队组织耕作的大面积的政府公田,我们就可以断定代田法可以在任何大小的农田上实行。

笔者相信,汉代朝廷推广代田法是为了提高首都周边及邻近畿辅的西北边疆地区的农业产量。汉武帝时期,由于或自愿或强制的各种移民活动,关中地区的人口空前稠密。如何让这么多的人有充足的粮食,成为重大问题。[3]汉武帝自己已厌倦

---

[1]《汉书补注》,24A:17a—19a。西嶋定生:《中国经济史研究》,页116以次。
[2] 张春树:《居延边疆上的汉代屯垦者及其定居地》,《清华学报》,复刊5,第2期(1966),页161、251。陈直:《两汉经济史料论丛》,页52—53。
[3] 孙念礼:《古代中国的食物与货币》,页260以次,页300。

耗资巨大的对外战争，这些战事大多发生于首都的西北方及北方地区，耗费了关中的大量资源。在这种形势下，采用代田法也许只是为了帮助提高农业产量，而不是为某个社会集团谋福利。尽管代田法需要投入密集的劳动力，但由于对劳力的使用周密合理，其效率比过密种植要高得多，最后收成也大得多。代田法可能早在公元前3世纪就有了，因为它的某些基本原理与《吕氏春秋》中探讨过的方法有相似之处。但是代田法是经政府推广而开始普遍传播的，它的普及对于农业技术的发展有着重要的作用。

新的耕作方法——区种

在《氾胜之书》里讲到的区种法里，代田法进一步被精致化。"区种法"则是将田地划成小区块，在小区块里集中使用肥料，也是花费精力照料作物的成长。这些小区块，按照情况需要随机分布于田亩之间，以实现最佳的给水、日照等优越条件。不同的作物有不同的需要，区的长宽和深度也就各异。例如，在方形区种法里，如果是种麦或粟，小区应是在上等的田地里长宽为6寸，深6寸，各区之间间隔9寸；种瓜则是长宽3尺，深5寸，各区之间相隔较远，以至于1亩地只能有24个区。无论其形状如何，也无论何种作物，农民对于这种小区，随时精心管理、灌溉、施肥及抗旱保墒等。因为这种精选小区的作物，就是未来选种的储备。

《氾胜之书》中所说的单位面积年产量,其丰硕令人难以置信。文中写到两个劳力区种10亩,所得粮食可供其多年食用。但这一文献不同部分所记的数字彼此不太协调。不过,在近几个世纪乃至近几十年所进行的各种区种试验,倒真是获得了异常的高产。区种法的缺陷在于要耗费巨大的人力,因为将田地分成小区块,就没法利用畜力或机械了。[1]

一般认为,《氾胜之书》这本公元前1世纪农书的作者是氾胜之。可能他就是为了满足只有较少田地可供耕作的农民之需,设计出了这种无须较多的土地,无须畜力,但要投入大量劳力精耕细作。区种法就是要在小面积土地上集中投入大量劳作,包括整地、锄草、灌溉等。不过,其中相当一部分工作可以由妇女、儿童来承担,因而氾胜之的方法使农户可以将家中全部潜在的劳动力都利用起来,将穷苦农民的负担变成资产。《晋书》里简略地提到,氾胜之曾被委派去教京畿地区的百姓种植麦子。[2]或许正是实际的田野经验,使他发明出这样的农作技术,帮助缺田少地的农民克服由社会不公导致的不利处境。

---

[1] 曾有为数众多的运用区种技术的尝试,它们也都多少有些细节的改动。王毓瑚编的《区种十种》,收集了10项这样试种的记录,其中大多是由17世纪和19世纪的"乡绅"实行的。至于1958年在湖北和河南的试验,见《中国农学史》,页178。这里所论到的缺陷,是石声汉指出来的,见《论氾胜之书》,页64。
[2] 氾胜之是在成帝(前32—前1)时受到这一委任的,见《晋书》,26:8及《汉书补注》,30:49a,颜师古注。

第五章 耕作方式与方法

水田耕作

无论是代田法，还是区种法，都是旱地农作的方式。在《氾胜之书》提到的14种作物里，只有稻是水田作物，文中讨论了水稻的种植。此类种植最重要的特征，就是稻田里的水。人们通过控制水流入稻田的方式，使其保持均匀一致的深度和温度。（小块地最为理想，容易让水深均匀一致。）一方面，将水田田埂上所开的进水口和出水口，安排在水田的同一侧，上下对开，成一直线——这样让进水可以循着这一较短的路线流过，对水田的原有水温影响较小，整个水温相对温暖。另一方面，若将进出水口对角错开，即可延长水流路线，流动较多，从而可以降低温度。在天热或烈日当空的时候，稻田就需要降低水温。通过运用这种简单而有效的设置，农民为水稻的生长创造了最适宜的环境。

水稻种植中有一种似乎普遍的做法就是水淹除草，其在中国南部和长江流域尤其流行。它可能来源于非常原始的刀耕火种。[1]在汉代描述长江流域水稻农作的文献里，总是会见到

---

[1] 西嶋定生对水淹除草有出色的讨论，见氏著：《中国经济史研究》，页185—234。亦参见天野元之助《火耕水耨辨析——中国古代江南水稻技术考》，《史学杂志》，第61卷第4期（1952）。米田贤次郎：《从应劭对"火耕水耨"的注释看东汉江淮的水稻种植技术》，《史林》，第38卷第5期（1955），及石声汉：《齐民要术今释》，1：110—118。

"火耕水耨"这一短语。[1]尽管对此有不同的解释,但汉代注释家应劭(活动于公元2世纪晚期)的解释可能是最好的。照他的看法,就是先将田里的草放火烧掉,然后将水引进稻田,播下稻种。杂草和秧苗会同时生长起来,等到秧苗长到7—8寸高时,便把杂草割掉,再放进更多的水淹没草根,使其窒息。草根和割下的草都成了肥料,可以滋养稻苗。[2]

与应劭同时代的郑玄(127—200),也提到了用水除草的办法。在《周礼》的注释中,他指出应在仲夏割草,因为此时的阵雨会淹住水田,使草没法重新生长。到了秋天,水田干了,应再割一次草,为来年种植水稻做准备。[3]与此相关的是,经过这样准备后的稻田要闲置1年,或至少从仲夏闲置到来年春天。[4]应劭和郑玄所说的稻作与《氾胜之书》中谈到的复种乃至套种不同,是要使用大量的土地,而不是密集的劳力。对于为什么当时还存在多种多样的耕作方法,一种解释是甚至到了公元2世纪,长江以南地区也依然人烟稀少,可耕地较多。

---

[1] 例如,《史记会注考证》,30:36,69:27;《汉书补注》,6:18a,28B(2):65a,及盖尔译:《盐铁论》,页18—19。这里对"火耕水耨"的英译采自杨联陞:《晋代经济史简论》,《中国制度史研究》,页175;参见石声汉:《齐民要术今释》,第一册页110—111。

[2]《汉书补注》,6:18a。

[3]《周礼注疏》,16:5a—b。郑玄不仅是一位学者,而且是一位佃农,见《后汉书集解》,35:11b—12a。

[4] 杨联陞暗示,这种方法主要是为了开垦"处女地"(杨联陞:《晋代经济史简论》,页175,注91)。我却相信这种方法并不仅仅是为了开垦处女地,而且是将田地变成水稻田时的常规的每年的做法。

这一假设可以由3/4世纪以后南方的情形得到佐证。公元278年，为晋朝平定了南方的将军杜预在其奏折里说到，"火耕水耨"的方法在南方已经不再实行，因为这里已没有大片的闲置土地，人口也不再稀少了。[1]

这种相当原始的稻作方法也许只在南方盛行。黄河流域及汉代畿辅地区的稻作，依循的是另一路径。中国北方种植水稻由来已久。新石器时代的遗址中发现过谷粒的痕迹，甚至还发现了谷粒。根据古代文献的记载，相当于今日山东、山西、陕西及河南的地区都已经有水稻。进入汉代，北方涉及今日河北、山西、陕西和河南的各郡都修建了水库，为种植水稻提供了条件。[2]可耕地的重复使用和北方较短的生长期，可能会迫使农民不得不更有效率地使用土地，并开发更好的耕作技术。其中的一种便是插秧法，就是先在苗圃里培育出秧苗，再把秧苗移植到田里，这种做法今天的中国仍在使用。其长处是明显的：当上一季庄稼仍在地里等待成熟收获时，苗圃里的种子便已开始发芽，这样水稻就有了更充裕的生长时间。按照代田法和区种法，作物都要被井然有序地排列起来；但在水稻种植中，很难划分沟、区，只有通过栽插已有一定高度的秧苗，才可能做条理化的安排。也许这就是《四民月令》将插秧列为五月份的

---

[1]《晋书》，26：6b。
[2] 陈祖槼：《中国文献上的水稻栽培》，《农史研究集刊》，2：64—66，及冈崎文夫：《支那古代的稻米稻作考》，《南北朝的社会经济制度》。

常规农活的原因。[1]公元6世纪的《齐民要术》,对北方和南方的水稻种植做了一次有意思的比较。南方没有插秧的做法,而北方则在秧苗七八寸高时才移栽到田里。不过,南方水淹除草的技术,这时却基本被吸收到了中国北方的水稻种植过程里。[2]

这些记载表明,在南方定居的农民一旦有了大片的土地,耕作起来就比人口稠密的北方稍微粗放。然而,南方烧地的方法的确有利于给稻田的水层提供肥料,旱地耕作没有这么方便的做法,因而火耕水耨的做法很容易为北方水稻种植所借鉴。自然,也有可能北方农民不是向南方学的,而是北方农业原始阶段刀耕火种法还未绝灭。但是在复种的精致体系已经实行几个世纪之后,农民竟然还会记起这种古老的做法,这听起来不太可信,除非出现某种新的激发因素。很可能,南方的耕作方法传到北方,就构成了这样一种新的启迪。这里至少有一个例子,在北方农民无法在新近从河流那里开垦出来的土地上种植作物后,南方的少数民族越人曾被弄到北方耕作河边的低地。[3]

《氾胜之书》里曾简单地探讨谷种的挑选和保管。一般挑选粒大、饱满、高产的单穗为来年做种。中国农民的这种做法一直延续至今,产生了为数众多的谷种样本。当时还没有通过有意识的育种来产生新的理想样本的做法,直接从田里选种似

---

[1] 参见西嶋定生《中国经济史研究》,页208—209。
[2] 石声汉:《齐民要术今释》,第一册,页110—111。
[3]《史记会注考证》,29:10—11;《汉书补注》,29:7b。

乎还是仅有的方法。[1]将选出的种子专门种在一块地里，精心照料，再从产出的谷物中选出最好的，就可以进一步改良优选过的种子，但这种方法当时尚未形成，到以后的《齐民要术》里才见诸记载。[2]

为了不使谷种受热和受潮，农民存储谷种时会特别小心。首先是让谷种干透，然后把它们装进竹制或陶制的容器里，加上能防止生虫的草药。有意思的是，氾胜之还颇为迷信地提出，马嚼过几口的种子就不会生虫。

农　具

汉代农民使用的农具主要是铁制或木制的，这与今天没有两样。有些木制农具，如尖头木棒型的挖掘工具，实际上是从最原始阶段传下来的，早在新石器时代就已在使用。"耒"类的挖掘工具，位列木制农具类的首席[3]，其中的每一种，功能都是特定的。[4]《说文解字》里还列举了一系列木制农具，有各种锄、犁、耙、收割和脱粒工具等等。[5]铁制农具被提到的

---

[1] 陈祖槼：《中国文献上的水稻栽培》，页89—90，曹隆恭：《中国农史文献上粟的栽培》，《农史研究集刊》，第二册，105—106。
[2] 石声汉：《齐民要术今释》，第一册，页20（2.3.1—2.3.3）。
[3]《说文解字》，14：2。
[4] 同上书，4b：8a—b。
[5] 同上书，6a：5b—6a。

有锹、鹤嘴锄、犁、叉锄、园艺锄、镰刀和长柄大镰刀。[1]锹不少于四种,每种都有特定的名称。

在汉代另一种字书《释名》中,编撰者向读者描绘了各种农具。令人吃惊的是,当时的许多农具与传到今天还在中国使用的相应农具,甚至在细节方面都很相似。编撰者还指出,是耕作方式决定了工具形状,所以一种专门用来顺沟锄草的狭小的锄头,也许就与垄作法有密切的关系。[2]

犁的演变过程,显示了农具依照各种特定功能而日益专门化的状况。犁的前身是一种较大的木制翻土农具"耒耜"。古代文献中常常提到"耦耕",对其最圆通的解释是,一人拉着改进了的这种翻土农具,另一人则踩着踏脚将之插入土中。到耜有了锋利的切割刃可以切开土时,它实际上就成为犁了。尖刃逐渐演变成更有效的犁铧,后部隆起最终发展成模板,帮助将土翻开。这时的犁形制已经很大,人难以拉动,需要用牛或马来拉。完全木制的犁又不适合牲口的拉动力,于是便导致了一个重大发展,即在木犁铧上加装铁制刃头。在辉县发掘出的战国时期的犁铧,恰恰就是这种带有铁制犁头的木犁。[3]

战国时期的犁,犁铧呈超过120度的宽大的"V"字形,几乎无法较深地切入土壤。如此宽角的铸铁犁头也不能承受深耕

---

[1]《说文解字》,14a:2b—3a。
[2]《释名》,四部备要版,9a,49b。
[3] 对此较为详细的讨论,见许倬云《两汉农作与技术》,页801—810。

需要的压力。[1]汉代的犁看起来有了改进。在汉代考古遗址，发掘出了一些有着呈锐角三角形的犁铧、犁背很重的大型犁。[2]锐角犁铧可增强其穿透力，使得深耕成为可能。相较西汉而言，东汉时期的犁又有很大的改进。[3]

但是，汉代犁的形制并不全然一样。有些犁非常小，似乎无须畜力牵引。至少，在河北清河发掘出的一柄小犁，很显然是耧车的一支腿，而不是犁铧。[4]不同形制的犁，既表明在中国广袤的疆域里农具必然存在着地区的差异，也显示出不同农活的要求决定着农具的形状和大小。大型的犁在翻耕处女地时非常有用，因而在辽阳、古浪及承德发现了汉代的大型犁也许就并非出自巧合，因为这些地区当时都属于边疆。中型犁要轻便一些，两个人就可以拉动，符合赵过行代田法时推广的那种轻便工具的状况。最小的犁，如果是耧车的一条腿的话，其作用就显然是为了控制作物间的距离。倘若农民想最大限度地利用土地，同时又保证作物通风良好，并且为田间管理留有足够的空间，那么这种小型的犁就是必不可少的。[5]

---

[1] 夏鼐:《辉县发掘报告》,页82。
[2] 东北博物馆:《辽阳三道壕西汉村落遗址》,《考古学报》,1957年第1期。但在石家庄发现的犁铧中的一个日期难以确定。见黄展岳《近年出土的战国两汉铁器》,《考古学报》,1957年第3期,页100,注1。
[3] 曾庸:《汉代的铁制工具》,《文物》,1959年第1期,页16。
[4] 黄展岳:《近年出土的战国两汉铁器》,及天野元之助:《中国农业史研究》,页746—750。关于清河犁,见《全国基本建设工程中出土文物展览图录》(1954),图2;田昌五:《汉武帝》,《人民中国》,1960年第8期,页56。
[5]《汉书补注》,24A:17a—19a;《全后汉文》,46:11a—b。

汉代政府推广了犁的应用，尤其是在边远地区，官员们还鼓励农民使用牛拉犁耕地。[1]各地众多汉代考古遗址中发现的犁以及汉代壁画及画像石，都证实了文献中的记载。[2]据说，政府官营的铁官好铸造"大器"，而与其他农具相比，即使小犁也应算作大农具了。铁官因为职司所在，也许确实将制造耕犁当作完成任务额度的一种取巧办法，而官府积极铸造和推销犁，又可能促进了犁的推广。[3]

构成汉代出土农具主体的日常农具，包括各种锹、锄及镰刀类。锹的历史最悠久，因为它们是古代木制翻土农具的直系后代。[4]汉代出土文物中，有直刃锹和曲刃锹、铲型锹和平型锹、叉锹和单边窄锹、直柄锹和弯柄锹等；还有用于挖地的大型的枲（音"锄"），用于在沟间锄草的锹。战国时的铁制器具都是铸造的，而在汉代，熟铁打成的锹已非常普遍。[5]

锄也同样有许多种类：大号的锄用来挖地，轻便的锄用来碎土，窄锄则用来锄草。锄柄的安装方式也因用途不同而多种多样，力求最好的效果。现存可见的汉代样本中，熟铁制的锄

---

[1] 天野元之助：《中国经济史研究》，页751—772。
[2] 黄展岳：《近年出土的战国两汉铁器》，及天野元之助：《中国农业史研究》，页753—756。最近发表的一幅是一座汉墓的石刻，《文物》，1972年第3期，图11。
[3] 《盐铁论》，6：15a—b。
[4] 许倬云：《两周农作与技术》，页812。孙常叙：《耒耜的起源及其发展》，页13以次。
[5] 曾庸：《汉代的铁制工具》，页16—18。李文信：《古代铁农具》，《文物参考资料》，1954年第9期，页81。

也已相当普遍。[1]

镰刀类有长柄镰刀、短柄镰刀及月牙形手镰。汉墓画像石中有一幅收割场景的画面，清晰地描绘了使用长柄镰刀的情景，其中有两人在潮湿的地里挥舞着长柄镰刀，另外三人在用手镰割穗梗。[2]人们认为长柄镰适用于密集播种的农作，因为这样密集种植的谷物不成行。月牙形的手镰可能源自新石器时代的一种砍刀，只能用于割穗头，梗都留在地里。[3]短柄镰刀是一种改进的农具，可以连穗带梗大部分割掉，只留几寸高的梗露出地面。这样收割下来的谷物捆起来要快得多，也不必再清理田地，因为剩在地里的短桩很容易翻耕过去做肥料。此外，短柄镰刀需要作物直行排列，才能发挥最大的效用。因此，垄作可以最好地利用镰刀。[4]

1958年在河南巩县发现了西汉晚期的汉代冶铁遗址。内中有些设备可以通过使用高温煤炉，生产出含碳量很低的高质量熟铁。从这一冶铁遗址中出土的农具，大部分是铸铁的，但大部分木匠工具却是熟铁制的。[5]水力风箱的发明，对于东汉时

---

[1] 曾庸：《汉代的铁制工具》，页16；李文信：《古代铁农具》，页32—35。
[2] 考古研究所：《新中国的考古收获》，图218。
[3] 李文信：《古代铁农具》，页85—86；刘仙洲：《中国古代农业机械发明史》，页58—62。
[4] 刘仙洲：《中国古代农业机械发明史》，页59—62；李文信：《古代铁农具》，页86。
[5] 河南省文化局文物工作队：《巩县铁生沟汉代冶铁遗址》。亦参见南京博物院《利国驿古代炼铁炉的调查及清理》，《文物》，1960年第4期，页46—47。

期铁的生产可能具有重大的影响。[1]这些考古发现应该能够证实,西汉末期制铁技术有了突破性的发展,东汉时期人们则已经能够生产出熟铁,用于制造各种工具和农具。[2]此外,也必须注意到,以辽阳三道壕遗址为代表的西汉铁制农具还是铸铁的,既小又不结实,与战国时的技术水平大致在一个等级上。[3]到了东汉,农具就已是熟铁锻造,体积稍大,质量也高。[4]

当然,汉代农具肯定会有地区差异,也会有个体差别。[5]而且,较穷的农民也许只用得起劣质的农具。[6]

小 结

农业技术在汉代有了长足的发展:田间作物安排井然有

---

[1]《后汉书集解》,31:3a。
[2]黄展岳:《近年出土的战国两汉铁器》,页105—108。有些学者认为铁的应用早在西周甚至商代就开始了。杨宽:《中国古代冶铁技术的发明和发展》,页12—23。童书业:《从中国开始冶铁的时代问题评胡适派的治学方法》,《文史哲》,1955年第2期。有些日期古远的铁器件,似乎是陨铁而非从铁矿石加工而成的。天野元之助的观点比较折中,认为铁开始被用于制作器具的时间,是在公元前1000年到前500年,《犁在中国的发展》,《东方学报》,第26卷(1956年,3月),页105以次。我以为无论铁在什么时间开始被应用,其重要性总是到春秋晚期才开始凸现。
[3]黄展岳:《近年出土的战国两汉铁器》,页98。东北博物馆:《辽阳三道壕西汉村落遗址》,《考古学报》,1957年第1期。
[4]李文信:《古代铁农具》,精确的统计学比较非常困难,因为田野工作者在各自的田野报告中用的术语既含混又不统一。参见黄展岳《近年出土的战国两汉铁器》,页104,107—108。杨宽:《中国古代冶铁技术的发明和发展》,页43。
[5]《盐铁论》,1:12a—b。
[6]同上书,6:16a。

序,代替了过去的撒播及过分密集的种植;一年多熟的体系在逐渐发展;轮作和施肥已使复种成为常规模式,例外的只是那些闲置的土地,或连续两年庄稼无收的田地,或是人口稀薄、尚有大量可耕地的南方。在精耕细作中,施肥、锄草以及不断耙地已成中国农业的标准特征,这意味着对每株作物的精心照料几乎达到了园艺的水平。农具的多样化同样体现了这些精细耕作活动的重要性。这种农作方式需要密集的劳力,并且与农作的小规模有密切关联。另外,农民的积极性对保证田间工作的精细、彻底至关重要,所以大量使用家奴和雇工就变得不太可靠。所有这些因素都有助于解释,为什么汉代自耕农会存在,以及为什么大地主偏好于出租土地,而较少用奴婢种地。

人们总是喜欢估计单位或人均生产率。例如万国鼎曾试图比较,原始的耒耜类农具的耕作与牛耕农作的单位面积的人均产量(亩)。请看表13。

表13 不同耕作方式的产量

时代	方式	耕作/劳力(亩)
汉文帝(前179—前157)	不明	20.5
汉武帝(前140—前87)	耒耜	10
汉武帝(前140—前87)	代田法	166.7

资料来源:《中国农学史》,页154,表21

但是在评估和比较不同时期生产率的增长时应该谨慎,因为有关汉代农业增长率的资料非常少,并且受到诸如时间、粮食种类、地点[1]等众多变数的影响。不过，通过一些线索，我们还是可以看出农业产量总的增长态势。天野元之助尽管很谨慎，还是以考古遗址中发现的物品器具来暗示，在若干方面事情确实有了变化。西汉时期的住宅面积和井都比东汉时期大，东汉的情形显示了当时小农户依托较小规模的农作生存的状况；砖在东汉时期的井中使用得比西汉广泛，表明了生活水平的提高；西汉遗址中的花岗岩比东汉的要小；东汉的陶器通常也大于西汉；东汉时期，铁制的农具和工具，甚至包括熟铁制的农具和工具，应用已经相当广泛；西汉遗址中发掘出的铁制器具，几乎不超过东汉遗址中铁器的一半。[2]动物驱动和水驱动的舂米设施的出现，或许也与生产率的提高有关，它比简单的人工臼钵先进多了。[3]

因此，我们可以假定：东汉时期农民家庭规模较小，粮食产量较高，坛里、碗里的粮食比西汉多，生活水平比西汉高。农业的发展不仅应归功于较好的铁制农具，而且应归功于精耕细作的发展。其中大量的工作，如锄草、灌溉、施肥，以及在家里进行的工作如拌种等，都可由妇女和小孩完成。因此，小规模农作形成了一体化的生产单位。

---

[1] 天野元之助：《评中国古代史家的诸种观点》，《历史学研究》，180：33。
[2] 天野元之助：《试论汉代豪族的大土地经营》，《泷川博士六十寿辰纪念论文集》，1：16—17；郭宝钧：《洛阳西郊汉代居住遗址》，《考古通讯》，1956年第1期；黄展岳：《近年出土的战国两汉铁器》。
[3]《全后汉文》，15：3b。

第五章　耕作方式与方法

第六章　农作之外的选择

Z 活动

　　前一章讨论了汉代农业的生产方法。如《四民月令》中提到的那样，田间农活随着季节的变化而各不相同。在春、夏、秋三季里，农民忙着耕种、收割。九月以后，一年的农事就告一段落，冬天则从事一些器具、房屋等的修整工作。精耕农业包括许多并不繁重但耗时的劳作，例如施肥、除草、灭虫等。农忙时，连妇女和小孩都得去田里干活。但一到了农闲，人们就都从田间劳作中解脱了，农户就将精力转向与直接农作无关的其他活动上去。我们这里将这类活动称作"Z活动"。Z活动包括很多内容，有加工食品和燃料，纺纱织布，金属加工，裁缝，制革，制造和修补工具、器械、陶器和礼器，还有建筑房屋，修补篱笆，以及其他诸如文娱、治安、运输和买卖活动等。[1]第三章已经说明，汉代的农民是带有市场倾向性的，因为他们的许多开销都必须用货币。要使自己挣到的钱足以支付有关的开销，办法就是生产可以出售挣钱的产品，或者是生产他们不自己生产就必须花钱去买的产品。Z活动包括这两个部分。但其中一些活动有着双重的功用，即生产的产品既满足了自家消费，又可到市场上出售挣钱。

从古代起，纺织生产就一直是农家妇女的工作，它包括从纺纱、织布到制作、裁剪的各个步骤。在现代之前的中国，"男耕女织"一直是劳动分工的标准写照。将妇女与织布联系起来的最早的例子之一，也许就是织女星（天琴座中最亮的星）这颗星的名字。[2]贾谊引用了这个古代的说法，表明他将女人织布看得与男子耕田一样重要。汉代的地方官认为，自己的主要责任不仅仅是督促农民把地种好，而且还要督促他们种桑、麻，确保有足够的原材料来进行纺织。[3]事实上，汉代人对照着北方和西北方边疆地带的游牧生活方式，已经将耕织结合看作是中国农业文化的一个显著特点。[4]班固在描述理想的农村生活时，也认为纺织是生产的一部分。在冬天，妇女白天和黑夜都要织布纺纱。按照现代的标准来算，她们每天等于工

---

[1]"Z活动"这一术语采用自海默（Stephen Hymer）和热兹尼克（Stephen Resinick）的《一个包含非农业性活动的农业经济的模型》,《美国经济学评论》,59, 第4期, 第一部分（1969年, 9月）, 页403, 注1。
[2]《毛诗正义》, 13: 1—7; 18: 5—6。
[3]《汉书补注》, 89: 5a—b;《后汉书集解》, 76: 2b—3a。
[4]《后汉书集解》, 51: 8a。

作一天半。[1]西汉时，一个妇女一个工作日平均能织出5尺的织物；到了东汉，一天则能织13又1/3尺。[2]

虽然中国北方的冬天长达四个月，但纺纱和其他的准备工作就要花两个月，织布也要花同样长的时间。[3]我们在第三章假设的那个农户，有两个妇女劳动力。如果每人有两个月时间织布，两人一年工作是120天，[4]一年的织布量就有15匹（按平均每天5尺计算）或40匹（按13又1/3尺计算）。前文已经估算，家庭成员自己一年需要的布是每人1匹（见第三章）。让我们更大方地假设每人需要2匹（1匹备用），那么能拿去卖的布应该是10匹或30匹。按照第三章中所估计的布的价格，对于生产效率低的家庭来说，每年从织布所得的收入可达5000钱到8000钱，生产效率高的家庭这项收入可达1.5万钱到2.4万钱。这几乎相当于从谷物中得到的收入，或者更高。

当然，织物的价格由于材料的品质差异而高低不等。一种叫作七缕的粗布，最劣质也最廉价。为了省钱，苦役犯就穿这种布做的衣服。[5]据一片居延汉简的记载，八缕布每匹230钱。

---

[1]《汉书补注》，24A：4a—5a。
[2]《九章算术》，四部备要版，3：3b—4a；并见《太平御览》所引的《古谚歌》。
[3]孙念礼认为农民冬闲时期的工作日程跨度有四个月，见《古代中国的食物与货币》，页129，注72。《四民月令》提出应冬天两个月、夏天一个月用于纺织。
[4]为了使估测不夸大事实，我们以30天为一个月，而不采用本书第六章《屯田》一节中提出的45天。
[5]《史记会注考证》，第11卷，14。缕是衡量布中纬线密度的单位。注释家张守节认为每缕有80根线。汉代机织布的宽幅是22汉寸，所以七缕布的密度应是在22寸宽度内有560根线，恰好像现在的医用细纱布。

七缌布的价格自然还不到这个数。而最贵的布价格则可以高达3900钱一匹。这是高低两个极端,大部分价格是从300钱到1400钱不等,一般布的价格在500钱和800钱之间。[1]这个价格范围的确非常宽,因为它不仅反映了织物质量的差异,而且还体现了价格的上下波动。市场变化的幅度很大,从出售织品中能收入多少则难以确定。

饲养家畜也能为汉代农家提供一大笔收入。肉虽然在日常饮食中不常见,但在节日或庆典上是经常要有的。[2]在汉高祖刘邦及其邻居家的男孩于同一天出生的时候,邻里乡亲都牵着羊、捧着酒去祝贺。当这两个男孩成年并成为好友之时,邻居们携酒牵羊又去祝贺。[3]

到公元前1世纪时,肉在农村的一日三餐中就很普遍了。文献中没有清楚地提到猪的价格,估计不会便宜。从消费者的角度来看它比较贵,但那些养猪来卖的人却会由此获得一笔可观的收入。汉代墓葬里经常有陶土的猪圈模型,里面还有猪和小猪的陶塑。三道壕汉代村落遗址有六组农户住房,每户农房都带有一个猪圈。猪圈出口与厕所出口在一起,这种设计便于收集肥料。[4]养猪也可以采取专设饲养场的方式,比如梁鸿的

---

[1] 陈直:《两汉经济史料论丛》,页67—69。也请参见第三章。
[2] 《盐铁论》,6:4a—b。
[3] 《汉书补注》,34:21b。
[4] 王仲殊:《汉代物质文化略说》,《考古通讯》,1956年第1期,页58;及东北博物馆:《辽阳三道壕西汉村落遗址》,《考古学报》,1957年第1期,页121以次。

第六章 农作之外的选择

例子那样,他在太学学成之后就养猪为生。[1]

专门的养猪场是一项很大的产业,其价值可达百万钱之多。[2]它也为穷人提供了工作,他们可以在沼泽地、海边或其他无法耕作的土地上放养这些牲畜。[3]但是猪圈与厕所相接来储存肥料这一点,说明农民养猪既为了卖钱(与自己消费),也为了得到肥料。陶制的猪圈按比例一般可以容纳四五只猪,这也是一般农家能忙得过来的数目。

像养猪一样,养羊也非常赚钱。卜式就是靠在牧场上养羊变得越来越富的。[4]在中国基本上还是农业国家的时候,羊经常和牛在一起被当作衡量家庭贫富的一个指标。由此看来,普通农家也常常是养羊的。[5]

猪的价格和羊差不多,一头羊可卖到900钱到1000钱,相当于一个劳力一个月的官价工钱。[6]

许多家畜可以由孩子照看,几家或整个社区常常雇一个孩子来放养一群家畜。这些猪倌或羊倌(正如现在的中国一样)

---

[1]《后汉书集解》,83:8a。在这个例子里,梁鸿没有土地,也没有别的什么财产。他当时显然不是农民。他是在官家的苑囿里养猪的,当时允许百姓在这些苑囿里采薪、捕鱼,也允许放牧。
[2]《史记会注考证》,129:31。
[3]《汉书补注》,58:1a—1b;《后汉书集解》,79:7a。
[4]同上书,58:8b。
[5]《后汉书集解》,2:13a。
[6]参见劳榦《汉简中的河西经济生活》,《历史语言研究所集刊》,第11卷,页70—71。人们也饲养各种家禽,尤其是鸡,但我们不知道价格,《后汉书集解》,83:10a。

往往就是社区里的孩子，他们的工钱不会太高。[1]

制酒是另一种赚钱的辅助活动。酒的价格相当于当时粮食价格的两倍。[2] 汉代的酒没有经过蒸馏，饮时底部仍有酒糟。同样的粮食，加水制成酒后体积至少是以前的两倍，利润会很大。[3]

加工工具、器皿，甚至建筑材料，也是农民增加收入的门路。在三道壕汉代村落遗址，发现了几处烧砖的窑。但其原始的结构和有限的容量表明，这种生产不是可以全天不间断地进行的。住宅区出土的砖块与窑里生产的一模一样，所以很明显，当地所用的砖就是由当地自己来生产的。但是，在那儿发现了至少一个由两座一样的窑组成的复式窑，轮流使用这两座窑就可以不停歇地生产，这表明烧砖有可能在发展成全天性的生产。我们或许可以推断，这两座窑的产品是要销往当地以外的市场的。[4]

生产与市场销售

汉朝官办作坊生产的消费品数量有限。首先，在全国范围内官方办的作坊不是很多。《汉书》的《地理志》里记载了八

---

[1]《史记会注考证》，7：12；《汉书补注》，31：11a；《后汉书集解》，27：11a。
[2] 劳榦：《居延汉简·考释之部》，《考证》，页62—63。
[3]《汉书补注》，7：5a—b；24B：25b；《周礼注疏》，5：6a。
[4] 东北博物馆：《辽阳三道壕西汉村落遗址》，页125。

个郡里有"工官",即河内、河南、颍川、南阳、泰山、济南、广汉和蜀。在齐还有三处"服官",即进行织造的官办作坊,在陈留和襄邑也有同样的机构。相形之下,"盐官"和"铁官"却遍及全国[1]:盐、铁是官营的,为了满足人们对这两项物资的需求,其生产机构也不能不广泛分布。而其他那些只在局部地区设立的作坊,可能很少是为满足百姓的消费而生产。其次,虽然官方作坊有的具有相当的规模,但它们生产的可能都是昂贵的奢侈品。例如专供皇家以及贵族使用的漆器、金器、银器和刺绣品等。[2]

在东汉时期,据说工官的职能是在手工艺人云集的郡国征收生产税。[3]这种从监管生产变成收税的职能转换,也许意味着东汉时期的政府机构不再开办自己的作坊。这种转化有两个可能的原因,一种可能是有更大的私人作坊取代了官办工场。不过,在武帝统治时期,商业曾遭受沉重的打击。当时私有资本似乎构成了对国家集权的威胁,武帝便断然遏制了私有资本的增长。[4]

国家对商业经营的敌意和对农业的轻税薄赋,共同将资本推向安全而有利可图的土地投资。[5]这一趋势其实不利于产生

---

[1] 李剑农:《先秦两汉经济史稿》,页169—172。
[2]《汉书补注》,72:10a—b;《后汉书集解》,10A:17b。
[3]《后汉书集解》,28:9b。
[4] 许倬云:《西汉地方社会与中央政权之关系的演变》,页358以次。
[5] 哈里森:《中华帝国》,页143—149。

大规模的私有手工业经营。[1]因此，另一个产生税收机构的可能的原因，是小规模的加工业的繁荣。这些加工产品就近出售，只用于地方消费，就如在三道壕所产的砖那样。对于它们征收的也可能只是地方税。

《四民月令》里列举了为数众多的物品生产活动，这些生产一方面是为了满足家庭的消费，另一方面也为了能出售获利。该书现存的残篇中，有许多关于买卖粮食、衣服、布匹等物品的描述。此外，《后汉书》有关崔寔生平的叙述里，也清楚地提到了崔家制作和出售酒、醋和豆瓣酱等以增加家里的收入。《四民月令》里频繁地提到这些产品。崔家生产这么丰富多样的物品，当然不像封建庄园那样仅仅是为了满足自家的需要。《四民月令》标题中的"四民"，指的是士子、农民、手工艺者和商人，这个标题其实已经意味着对市场经济的认可，与许多儒者主张的自给自足的经济大相径庭。[2]

在王褒所写的《僮约》里，也可以清晰地看到市场活动的情形。市场上的买卖活动，在其中被说得如家常便饭一样，大大小小的城市、城镇都有市场，大街小街两旁的集市也是市

---

[1] 比较《史记》与《汉书》的口吻，可以感觉到两个作者分别对于汉武帝时代和东汉时期的商业企业的态度的差异。

[2] 关于《四民月令》里的各种活动，见本书第三章《地主》一节。关于崔家酒、醋、酱等的生意，见《后汉书》，52：18a。哈里森援引韦尔伯的研究，提出汉代的农业基本上还是一种自然经济的农业，见哈里森《中华帝国》，页148，并参见韦尔伯《西汉时期中国的奴隶制》，页246。

场。生意甚至做到了非汉人部落的地盘上。[1]宇都宫清吉指出,王褒描写的外层贸易圈延展到王家周围方圆200公里,而他们经常光顾的内层圈,方圆也有50公里。

从都市到城市再到集镇,市场地点是按层级分布的,这些不同层级的市场与农业居民之间存在着复杂的各不相同的关系。这与施坚雅认为的19世纪前工业时期,中国所特有的那种市场体系极为相似。[2]施坚雅提出,中国农民的活动方式有一种周期循环性的趋势。当外部形势有利时,农民就积极参与到市场体系里。这个市场在其鼎盛时期,可以是一个由各地方和各区域之间非常复杂地相互依赖而形成的全国性的网络。到了动乱时期,农民就逐渐回撤,最后会取消与外界的接触,以至于一个村子完全地与外界隔离。[3]"Z活动"的概念对于解释这种开放与封闭的不断交替很有帮助。只有当农民能够在生产自家消费品和市场商品之间进行来回转换时,经济模式的不断重新调整才有可能。Z活动的产品就是可以根据需要承担不同功用的,或者是专供自己消费的F产品,或者是可以部分用于出售的Z产品。[4]

我们不难看出农民会在什么样的形势下改变其活动方式。

---

[1] 宇都宫清吉:《汉代社会经济史研究》,页349—351,尤其见页350上的地图。
[2] 施坚雅:《乡土中国的市场与社会结构》,第一部分,《亚洲研究杂志》,第24卷,第1期(1964),页3—43。
[3] 施坚雅:《中国农民与封闭社区》,《社会与历史比较研究》,第12卷,第3期(1971),页270以次。
[4] 海默和热兹尼克:《一个包含非农业性活动的农业经济的模型》,页403以次。

农村家庭手工业的产品,往往就是当地外销的特色商品。在交通发生问题或沿途情况变得不安全时,这些大宗特产就无法运到其通常出售的市场上。产品在当地积压,就会使价格降低,利润减少,甚至归零。农民们这时还会发现,因为同样的原因,原先一直是由其他地方生产的某些物品在自家附近的市场上也买不到了。这样他们就必须利用其现有资源,制造无法买到的物品的替代品。于是,时间、能源、劳力和资金就从可售出产品的生产,转移到自家所需产品的生产上。

在王朝衰落与全国性的动乱时,这种情形就会出现。似乎正是如此情形,不时地将活跃的市场经济转变成自给自足的庄园经济。历史学家们频繁地引用樊重的农业经营做例子,来显示一个封闭的庄园生活模式。[1]樊重生活在西汉末期,正好是王莽篡权的混乱年代,他的一生有一半是在动乱中度过的。有可能他是在和平时期积极从事商品贸易而发家,到了国家由于战争和弊政而四分五裂时,他便闭门家居,甚至用自己地里产出的木材和漆做家具。这种社区封闭的趋向发展到最后阶段,就是将村落建成坞堡,由樊重的儿子樊宏及其亲属武装守卫。这种自卫组织通常是以既有的宗族群体为主体。到了王莽政权倒台后的动乱时期,这种组织就既包括亲属,也包括非亲属。[2]类似的组织在公元3世纪汉末大乱时又出现过。[3]这种

---

[1]《后汉书集解》,32:1a—1b。
[2]同上书,32:1b—2a;41:1a。
[3]《三国志·魏志》,18:10b。

社区的自卫活动通常由当地最有声望的家庭来领导。由此我们就不难理解,《四民月令》何以会要潜在的领导者注意与族人联络感情。

移 民

在饥荒或其他灾荒年头,即使从非农业活动中得到的现金收入也不能杜绝饥饿。一部分人口便不得不迁移他处。西北和东北边疆以及长江、淮河以南的广袤土地,成了来自人口稠密的核心经济区移民的天堂。有时政府也组织大规模的移民,还间或提供粮食。例如在公元前119年,政府在将72.5万贫困人口从东部省份安置在西北和北部时,就给他们提供了口粮。[1]但是,除了这种由政府组织的大规模移民外,每次饥荒都会迫使人们背井离乡,寻求暂时的解救之道。[2]许多流浪的人大概会返回自己的家园,但也有许多人会在那些土地丰富、土壤肥沃,并且政府的控制尚未触及的新地方安顿下来。

在上述三大部分新开拓的区域中,西北地区基本上是一连串的军事屯戍地。东北地区,即现在的辽宁、热河和朝鲜的一部分,在汉朝四个世纪的大部分时间里,都是中国的组成部

---

[1]《汉书补注》,24B:10a—b。
[2] 王仲荦列举了在公元前119年与公元188年之间,由于饥荒下的人们四处流浪而形成的50次大的人口运动,王仲荦:《关于中国奴隶社会的瓦解及封建关系的形成问题》,《中国古代史分期问题讨论集》,页450—452。

分。劳榦指出,渤海湾左近地区,自秦朝以来就一直是中国难民的避难所。

在研究了《汉书》和《后汉书》的人口统计数据之后,劳榦还发现西汉和东汉时期有一些郡国的人口在增长。虽然就总人口讲,东汉略少于西汉,但是举个例子,像乐浪这个地方在东汉年间就增长了10万人口。[1]人口分布上最重大的变化,发生在长江流域和沿海这些土地肥沃、气候温和的地带。[2]这一地带13个郡的人口,在公元2年时占全国总人口的2%,而在140年时跃升到了15%。[3]劳榦的人口情况的表格见表14。

表14 南方各郡的人口变化

郡国	西汉	东汉	增加或减少	东西汉人口比较 东汉/西汉(%)
南郡	718540	747604	+29064	104
江夏	219218	265464	+46246	121
庐江和六安	457333 +178616	424683	−211266	67
九江	780520	432426	−348094	55
临淮和广陵	1237764 +140722	611083 +410190	−357213	74

---

[1] 劳榦:《两汉户籍与地理之关系》,《历史语言研究所集刊》,第5卷(1935),页202—208。
[2] 近期一位地理学家的研究发现,中国在汉武帝时期的天气比今天温暖。在东汉时期,天气开始变冷,三国以降,气温要比今天低一到两度。竺可桢:《中国近五千年来气候变化的初步研究》,《考古学报》,1972年第1期,页17。可能北方这种寒冷的气候既驱使人员南移,也使某些植被在北方无法存在。
[3] 刘秉仁:《两汉的人口与食粮政策》,《禹贡》,7,1—3:177—178。

续表

郡国	西汉	东汉	增加或减少	东西汉人口比较 东汉/西汉（%）
会稽	1032604	700782 +481196	149374	114
丹阳	405170	630545	-225375	156
豫章	351965	1668906	+1316941	474
长沙	235825	1059372	+823547	449
桂阳	156488	501403	+344915	320
武陵	185758	250913	-65155	135
零陵	139378	101578	+862200	718
汉中	300614	267402	-33212	89
广汉	662249	509438 205652	+52841	108
蜀郡	1245929	1350476 475629	+580176	146
犍为	489486	411378 37187	-40921	92
越嶲	408405	622418	+214013	152
益州	580463	110802 1897344	+1427683	346
牂柯	153360	267253	+113893	174
巴郡	708148	1086049	+377901	153
南海	94253	250282	+156029	266
苍梧	146160	466975	+320815	319
九真	166013	209844	+43831	126
合浦	78980	86617	+7637	110
日南	69485	100676	+31191	145

资料来源：劳榦《两汉户籍与地理之关系》，页208—209

注释：由于六安郡后来被取消，其辖区划归庐江，而临淮郡的名称改为下邳，郡东部的县份转归广陵郡管辖，所以庐江和六安、广陵和临淮都不得不作为一个单位来计算。会稽的北部辖区被分出去，建立了吴郡；广汉的一部分辖区成了行政上特别的"广汉属国";蜀郡的一部分成了行政上特别的"蜀郡属国";犍为的一部分成了行政上特别的"犍为属国";益州郡的西部辖区被划归了永昌郡[1]。因为缺乏相应的数字,劳榦的表上没有列入交趾郡和郁林郡。

  在前面的研究里,我们提到了有大批南迁移民并未被人口统计包括进去,因为他们定居在可以躲避繁重的税收和劳役负担的深山里。至少在政府的法律还没有到达那里之前,他们可以享受一段短暂的喘息时光。[2] 开发新土地需要资金,但一般的农家通常负担不起这笔钱。集体开垦由此就很有必要了。在《三国志》中经常提及"宗人"和"宗帅",正如唐长孺所指出的,"宗"字指的就是以血缘关系为基础的组织。较大的宗族可能有几万人家,他们住在设防的坞堡里边,只缴纳他们自己定下的税,而不接受地方政府派来的官员。[3]

  新垦殖区的组织的最好例子是田畴的个案。田畴原来家在北部边疆,因为他的家乡被一个军阀占领,便带领着几百族人躲进了边境线上的山区。不断有人来加入他们的定居地,几年之后,那里已有5000户人家。他们推举田畴为首领,制定了基本的法规,开办了学校,建立了一个新的社区。[4]

  这种群体移民对农民和农作会产生重大的影响。加入一个

---

[1]《后汉书集解》,22:41a;21:22a,47b;23A:24a,25b,26a,23a。
[2] 许倬云:《三国吴地的地方势力》,《历史语言研究所集刊》,第37卷,第一部分。
[3] 见《三国志·魏志》4:8a,裴松之注。唐长孺:《魏晋南北朝史论丛》,页3—7。
[4]《三国志·魏志》11:9b—10a。

群体以求在一个新地方安顿下来的普通农民，会乐意于投靠那里的首领，这个首领不是有超凡魅力，就是由于能指挥一个依附于他的族人群体而享有权力。[1]

屯　田

在普通的自耕农变成依附农民的过程里，屯田制度也起了作用。屯田就是军事屯垦，最初是为了保障充足的粮食供应而在北部和西北边疆发展起来的，做法是由兵士自己或其他招募来的人，如政府组织的移民等，在边疆就地种粮。[2]在居延发现的汉简提供了第一手资料，使我们得以了解西北防线上驻军屯垦的实际情况。[3]在边疆的垦区里，有一些兵士同时又是自耕农，他们拥有财产，缴纳税收，还有自己的徒附，有时甚至家里还有奴婢。[4]还有一些亦兵亦农的人耕

---

[1] 金发根追溯了"部曲"从下属到徒附的地位变化过程，见其《永嘉乱后北方的豪族》，页16—26。唐长孺发现，吴地的地方首领有大量的私人依附者，其中许多是从山区定居者里招募来的。《魏晋南北朝史论丛》，页14—26。看来地方垦殖群体成员，是在吴地军事首领将他们纳入自己的私人军队的时候，下降到依附者的地位的。
[2]《汉书补注》，49：15b—16a。是晁错在公元前165年第一次提出了把部分人口迁往边疆的建议。
[3] 英语文献里对居延汉简的内容最丰富的讨论，是鲁惟一的《汉代行政实录》。张春树对于当时的边疆驻防体系有一个研究，见《河西地区的屯垦——汉代边疆体系研究》(哈佛大学博士学位论文，1963)。其中一部分以《汉代居延边疆的屯垦者及其定居地》为题发表，见《清华中国研究杂志》，复刊5，第2期。
[4] 鲁惟一：《汉代行政实录》，1：72，71。

种的是公田，缴纳沉重的租子。有记载说一个这样身份的人要将他的收获的40%交给驻军当局，这种亦兵亦农者，其地位似乎相当于佃农。据记载，这些土地是在军官的名下注册的，因此，前述应募者可能就是军官的私属。[1]当然，在居延简牍里面有很多记载表明，应募者及其依附者从驻军的粮仓领取日用口粮。[2]在这种情况下，很有可能是田里的全部所得都上交给了粮仓。[3]如果事实如此，那么招募来的人或者驻军士兵，极有可能是在军官的监督下进行群体劳动。[4]

在军官的指令下士兵进行耕作，军事组织的严厉纪律使得军官更易将士兵变成自己的私人徒附而随意驱使。马援的例子可以很好地说明这一问题。在他带领自己的私人军队回朝之后，被应允在皇家园囿的空地上屯田，收割的产品由马援与种地的人即他的士兵平分。[5]

但是，从屯田到私人徒附的大规模转变，还是在公元3世纪。2世纪末，汉朝中央集权体制的解体导致长时间的混乱和

---

[1]鲁惟一：《汉代行政实录》，2，页295—297；劳榦：《汉简中的河西经济生活》，页67。陈直认为，对招募来的人是基于农作的人数收租的，见《两汉经济史料论丛》，页51。

[2]鲁惟一：《汉代行政实录》，2，页64—93。

[3]劳榦引用了一片敦煌简牍，其中记载着一块地的全部产出都交入粮仓了，见劳榦《汉简中的河西经济生活》，页67。

[4]《三国志·魏志》16：1b—2a裴松之注。陈直：《两汉经济史料论丛》，页51。

[5]《后汉书集解》，24：3b。参见王仲荦《关于中国奴隶社会的瓦解及封建关系的形成问题》，页481。

动荡。在一些主要经济区如陕西南部和河南南部成了军阀混战的战场时,当地的百姓便离乡背井,逃避战乱。军阀曹操在控制中原之后,将投降的黄巾军农民编组起来,在被难民遗弃的土地上屯田。曹操政权分拨土地给这些农民耕种,并"租"给他们耕牛。这些农民要交租,而不是缴税。由于事实上成了政府的佃农,所以他们也免服兵役。[1]

越来越多的佃农机构建立起来,促使那些无主的土地重新得到耕作。西嶋定生在遍查了《三国志》和有关文献之后发现,这种机构事实上都分布在渭河流域和黄河流域中游,这些地区在两汉时也正是主要的经济区,是经济基地和权力中心。[2]

魏政权统治的鼎盛时期刚刚过去,政府里的权贵们就开始逐渐控制屯田人口,将他们从政府"佃农"变成私人徒附。[3]在社会秩序大体恢复之时,因为农业的精耕细作,也因为可以出售剩余产品促进了非农业活动的复苏,农业生产便迅速地回升。在这种形势下,屯田管理机构也开始了商业经营,它们让部分屯田农民实际上改为专职从事非农业活动,谋求利润。[4]这种商业活动的恢复显示出,汉朝农业经济非常灵活,局势一

---

[1]《三国志・魏志》,12:22a—b。唐长孺:《魏晋南北朝史论丛》,页39—40。
[2] 西嶋定生:《中国经济史研究》,页302—304,及页308的地图。参见冀朝鼎《中国历史上的核心经济区域》,页95。
[3] 西嶋定生:《中国经济史研究》,页328以次。参见唐长孺《魏晋南北朝史论丛》,页39—42。
[4] 西嶋定生:《中国经济史研究》,页326—330。

稳定，它就可以马上适应市场体制，用于直接消费的F产品也会转化为市场产品。

农民起义

如果由于地主、政府官员和商人的盘剥，或者因为战争、自然灾害或土地贫瘠的恶劣条件，农民无法再靠种地维持生存的话，他们最终便会诉诸暴力。饥饿迫使农民们离开土地，变成游民、异端分子，以至于与现存体制对抗的反叛者。汉朝就是由一个农民起义的领袖建立的。从西汉到东汉的过渡时期，也是农民在赤眉、铜马等诸多旗号下遍地反叛的大动荡年代。公元2世纪末，又是一次农民起义——黄巾起义——导致了王朝的灭亡和长时间的动乱。[1]通常的理论认为，大规模起义爆发的原因是土地集中在少数人手中，使得农民丧失了生存的手段。在中国大陆发表的关于这一领域马克思主义式的历史研究里，实际上都可看到这种最简单化的解释。[2]如前所述，土地集中确实导致了严重的社会危机，这是汉代

---

[1] 对这两段时期农民起义的出色的英文叙述，见毕汉思《汉代的中兴》，《远东古物博物馆学刊》，第26期（1954）；霍华德·列维（Howard Levy）《汉末的黄巾宗教与造反》，《美国东方学会杂志》，第76卷（1956）；拉菲·德·克雷司皮尼（Rafe de Crespigeny）译《汉末的历史》。
[2] 在中国大陆从"封建地主的剥削"解释历史是官方定下的路子。作为例子，见漆侠等《秦汉农民战争史》，页62以次，及页129以次。类似的说法也可在像白乐日的《中国文明与官僚制》这样有名的著作里看到，页192以次。

第六章　农作之外的选择　　181

许多学者和思想家十分关注的问题。但是汉代的小农，不管是自耕农还是佃农，都可从经济作物或非农业活动中得到相当的一笔收入。集中在大地主手中的土地也会分给佃农耕种。因此土地集中可能并非迫使农民离开土地、陷入绝望的主要原因。让我们看看起义发源地的区位分布，就会明了实际的情况。

我们先从农民起义与分布广泛的大地产之间的实际关系开始讨论。那些土地集中在少数地主手里的情形最为严重的地区，应当就是核心的经济地带。因为正是在这些区域，权势显赫的达官贵人们积聚在朝廷内外；也正是在这些区域，土地因为有接近首都市场、灌溉发达等诸多便利而最为昂贵。事实上，光武帝和其太子的对话精练地概括了当时的情景："河南帝城多近臣，南阳帝乡多近亲，田宅逾制不可为准。"[1]所谓"核心经济区域"，就是指位于渭河流域、黄河平原、淮河上游部分地区的各郡国，也就是京畿地区（今天陕西中部）、河内（河南北部）、河东（山西西南部）、上党（山西东南部）、赵国（山西中东部和河北中西部）和太原（山西中部）。[2]

西汉农民起义的发源地见表15；东汉农民起义的发源地见表16。

---

[1]《后汉书集解》，22：8b。
[2] 冀朝鼎：《中国历史上的核心经济区域》，页95。

表15 西汉（包括王莽统治时期在内）的农民起义

年代	地点	规模
公元前1世纪	泰山	未知
	南阳	未知
	楚	未知
	齐	未知
	燕、赵	未知
公元前30年	畿辅地区	小
公元前22年	颍川	小
公元前18年	广汉	小
公元17年	琅琊	由中到大
	会稽	中
	江夏	由中到大
	南郡、江夏	大
	琅琊	大（即赤眉）
	东海	
公元21年	畿辅地区	众多小股
	南郡	大
	平原	中
公元23年	东平	大
	东郡	小
	平原	大
	巨鹿	大（即铜马）
	清河、魏郡	大
	魏郡	中
	真定、中山	大

资料来源：《汉书》。有关内容由漆侠等收集到了一起，见《秦汉农民战争史》，页79—94。"规模"一栏，数以百计为小规模，数以千计为中等规模，数以万计为大规模

第六章　农作之外的选择

表16　东汉农民起义

年代	地点	规模
公元108年	平原	未知
109年	平原、渤海	中
110年	朝歌	中
111年	天水	中
132年	会稽	中
132年	扬州	未知
134年	益州	未知
137年	江夏	未知
138年	九江	小
	吴郡	小
	荆州	小
139年	扬州、徐州	中
141年	泰山	未知
142年	广陵	大
144年	南郡、江夏	未知
147年	陈留	未知
154年	泰山、琅玡	大
162年	长沙	中
167年	庐江	未知
170年	济南	未知
172年	会稽	大
184年	全国性的	大（即黄巾起义）

资料来源：漆侠等《秦汉农民战争史》，页149—153

除了三个例外（两个在畿辅地区，一个在陈留），这些起义都发生在核心经济区以外。最容易爆发起义的地区，是在今天的河北、山东、安徽和湖北等省的区域，它们都处于陕西、河南中心地带的边缘。这种起义现象与土地极端集中现象的互相排斥，使得我们有可能得出如下解释：核心经济区里集中了大型的都市中心和大量的消费者，农民在此容易利用发达的市场体系,所以生计是可以得到贴补的。

据劳榦研究,从西汉到东汉各郡人口的变化显示,今天的河北、山东和江苏北部的各郡国(鲁、魏郡、巨鹿、常山、中山、清河、赵、东郡、东平、泰山、山阳、济阴、东海、琅玡、彭城、下邳、济南、北海)人口大幅度下降。[1] 如果在整个汉代这个地区的人口都在持续外流,这就表明当地经济状况在全面衰退。由此,这些北部和东部各郡里的市场体系就不会活跃,为增加额外收入而进行的非农产品生产也就缺乏有利的环境。木村正雄认为,这些边缘地区因为属于山区的"次级可耕地"(second arable land),一旦灌溉工程由于缺乏照管而毁坏,农民们就会陷于困境。照他的意思,相形之下,那些在河谷、平原上的"原初可耕地"(primary arable land)的自然条件就有利多了。[2] 人口锐减可能与灌溉设施的毁坏有关,对设施蹩脚的管理可能是引发整个经济衰退的因素。

然而,南方的荆州地区(今天的湖北和湖南)在东汉时期人口却增长了。[3] 只是这一地区的人口密度仍低于北部和东部

---

[1] 劳榦:《两汉郡国面积之估计及口数增减之推测》,《历史语言研究所集刊》,第5卷(1935),页224以次各处。
[2] 木村正雄:《前后汉交替期的农民叛乱的展开过程》,《东京教育大学文学纪要》,第16卷(1967),页1—2。
[3] 劳榦:《两汉郡国面积之估计及口数增减之推测》,《历史语言研究所集刊》,第5卷(1935),页224。

各郡[1],有活力的经济也尚在发展之中。多田狷介指出,南方的动乱比北部和东部晚得多。事实上,他主张正是从动乱地区向南方相对不发达地区的移民,使得南方的秩序也跟着崩溃了。[2]

在上述两种情况里,不管是经济在衰退,还是经济尚在发展,农民与市场的联系都较少,而正是市场才会为他们提供摆脱自种自用式糊口农作(subsistence farming)的新选择。当自种自用式农作的回旋余地太小的时候,农民为了生存,便会采取最后的手段——反对现行秩序的暴力行动。

小 结

由于精耕细作的农业在不同季节里使用劳力的情况高度不平衡,汉代农户逐渐将相当的精力用于非农业生产活动。然而,在农民没法利用市场体系出售产品挣钱时,他们便又转向一种类似庄园经济的自给自足的经济。只要农民将精力不再用于生产供出售的产品,而是生产自己消费的物品,这种转变就实现了。

---

[1]劳榦:《两汉郡国面积之估计及口数增减之推测》,《历史语言研究所集刊》,第5卷(1935),页220—221。荆州各郡当时的人口密度是每平方公里3—14人,青州和冀州则接近每平方公里30—130人。
[2]多田狷介:《侯景之乱的前史》,《东亚史研究》,第26卷,第4期(1968),页172—174。

在移民的例子中，这种模式正好颠倒过来。人们在新地方先是不得不生活在各自封闭的社区中，直至市场网络逐渐发展到一定程度，人们才能加入市场活动。不过，在新的地方，人们对组织的依赖性较大，这使许多个体农民屈从于强有力的领导，乃至常常被变成徒附。

屯田制度事实上是另一种移民模式。这次出面领导的不再是私人，而是政府，人们在政府的组织下在新的土地上安家。也许是因为一些屯田垦区先前就属于核心经济区域，精耕细作的条件和设施都还具备，高水平的生产率很快就恢复了。于是在屯田后期便出现了商业活动。迁往南方或者边疆地区的移民也在进行屯田。但由于核心经济区域的条件对精细化的农作更加有利，因此比起南方市场体系的发展过程，这些区域的商业化过程就更加快捷，也更加突出。

对农民起义的考察，再一次清楚地显示了精耕细作农业的灵活性。农民起义通常发生在核心经济区域之外。核心经济区域里先进的农业设施和活跃的市场经济，可能在某种程度上弥补了土地兼并对农民造成的损害。而处于边缘地区或边缘地区以外的农民，则对诸如旱灾、水灾、政府腐败之类的灾害没有多少应付的办法，结果就被迫造反。

结 论

在本书里,我试图证明,汉代中国农业进步与小农经营的发展有不可分割的关系,小农经营导致的精耕细作农业又与市场经济联系在一起。不过,在中国,这种联系却塑造出了一种独特的农村经济模式。在这个小结里,让我们首先讨论朝廷的政策对农业发展的影响。

从战国七雄争霸时起,秦国就在持续地朝着官僚化的方向发展。秦始皇接受李斯的建议,在全国建立郡县制度,从而完成了废除封建制的工作。[1]这项措施消除了插在皇帝与百姓之间的贵族。这其实是法家代表韩非思想的体现。韩非警告过,有权势的家庭可以为普通属民提供庇护,而正是这些属民构成了生产者和士兵的来源。[2]

---

[1] 德尔克·卜德(Derk Bodde):《第一位统一中国的人》,页133—146;亦见《史记会注考证》,第6卷,页25—27。
[2]《韩非子》,17:13—14,18:10—11,20:4。

公元前4世纪的商鞅变法，鼓励男子一成年便组建独立的家庭。这项改革减少了在帝国政府与个体臣民之间形成另一种权力集团的可能，尤其是减少了在血缘组织内部形成权力集团的可能性。

秦朝廷成功地确立了国家对生产者的直接控制。中国统一后，秦始皇在各种铭文中一再强调，他已经成功地推动群众去从事农业生产。[1]显然，秦始皇不仅认为农民是农业经济中唯一真正的生产者，而且认为他们既单纯又受缚于土地，是自己最稳定的属民。

汉朝虽然是在推翻秦朝的基础上建立起来的，但和秦朝一样仍是一个官僚制的社会。汉朝的统治者继续努力抑制社会上各种集团的影响力，尽可能地减少他们对帝国政权的潜在威胁。到汉武帝时，朝廷已利用若干途径——例如垄断紧要商品，发展官营工商业，歧视性征税，以及其他一些财政和货币措施——将帝国的直接控制扩张到了经济领域里。这些措施完全配合了国家通过政治操作，确立对全社会的严密控制的追求。不过，影响最深远的，还是汉朝政府发展一个繁荣的农业、为官僚制帝国奠定基础的持续努力。

---

[1] 秦始皇在公元前219年到前212年之间，曾数次巡行东部沿海地区，先后在七个地方立石刻下很长的韵文。举例而言，公元前219年在琅琊的刻文里有这样的句子："皇帝之功，勤劳本事，上农除末，黔首是富，普天之下，专心揖志"，"节事以时，诸产繁殖"；公元前215年碣石的刻文则写有，"男乐其畴，女修其业，事各有序，惠被诸产，久并来田，莫不安所"。《史记会注考证》，6：34—46。

发展农业的措施，包括降低农业税乃至一度取消农业税，一再开放政府控制的土地来安顿失去了土地的农民，以及为那些困于天灾和因贫穷而无力从事生产的人提供启动资金的贷款。此外，朝廷还要求地方官员将发展农业作为自己的首要职责。应该注意的是，帝国对农业人口的大部分恩惠性举措，是至少在开国已足足有一代人时间之后才有的。文帝在公元前176年颁布了一个敕令，宣布农业为帝国的根本所在。这是一个在以后的许多诏书里多次重申的声明。这种不断老调重弹的现象，表明现实中存在着无法用政治手段解决的持久性的问题。

这里需要将时间因素考虑进来。在统一后的一至两代人间，依据现在掌握的数字，汉朝人口大概以1.6%的速率持续增长。这种增长数字既可能真实地反映了和平年代出生率在急剧上升，也可能只是稳定的政权下人口登记更有效率的结果——或者更为可能的，它是两种情况的综合产物。无论如何，人口增长必定要导致一个严重的问题，即人均耕地面积的锐减。耕地面积增长速度很难跟得上人口增长速度。正如E. A. 赖里（E.A. Wrigley）指出的，人口统计特征与经济变化之间微妙和动态的相互关系，可以解释为什么在欧洲或其他地方如此之多的前工业社会里，经济的农业基础只能是缓慢、逐渐地发展起来。[1]

---

[1] E. A.赖里：《人口与历史》，页46—50。参见马尔萨斯《关于人口的第一篇论文》。

伊斯特·包斯拉（Ester Boserup）在她引起争议的著作《农业增长的条件》中，大胆地翻转了马尔萨斯的理论。她主张，人口增长看来是推动农耕变化的力量。典型的情况是，只有人口达到一定密度时，耕种者才会发现，转向更为精细化的土地利用是有利可图的。采用需要投入大量劳力的精耕细作，就意味着人均产量将会下降。如果人口尚未达到一定密度，即便人们已知道精耕细作的方法，也不会应用它。直到人口压力达到了某个临界点，他们才会不得不采取这种劳力密集型的精细方法。显然，充足的人口已使得劳力供给不成问题。在这种压力下，农民此时竭力要增加的已经是固定面积耕地的产量，这也就是要提高单位面积耕地的生产率。[1]

关于农作的规模，总存在着两种选择：要么是个体农家在小块土地上经营；要么就是在庄园、种植园、村社共同体、合作社或者其他组织方式下的大规模经营。在汉朝政府看来，保证将农民作为国家的基础，不允许任何私人势力控制人力资源，具有头等的重要性。这种态度（我认为其根源在儒家和法家的思想里）阻止了私人地主控制下，田庄式种植园的出现。同时，即便从地主的立场看，个人利益的激励也使佃农制比集体耕作的做法更为可取。因此，虽然特权的社会阶层很容易从自耕农那里攫取土地，但这些土地却大体上仍然是以小块地的形式交给佃农耕种。众多的人口使劳动力变得很廉价，以致在

---

[1] 伊斯特·包斯拉：《农业增长的条件》，页41。

结　论　　191

汉朝奴隶制已不是一种生产制度。不过,佃农仍得承担向地主交租的负担。在小块土地上劳作的农民必须想方设法利用这有限的土地,取得收支平衡。

有了众多人口,就可以进行劳力密集型生产。汉代的精细化农作具有以下特点:

Ⅰ.土地整治　　1 按照一定的格式播种,而不是撒播
　　　　　　　2 适度深耕
　　　　　　　3 注意利用不同地形的特点
Ⅱ.种子　　　　1 选择良种繁殖
　　　　　　　2 播种前以肥料等拌种
Ⅲ.田间管理　　1 看准农时,充分利用天气条件
　　　　　　　2 勤除草、防治虫害
　　　　　　　3 通过灌溉保持适度水分
Ⅳ.土壤改良　　1 施肥以增加土壤肥力
　　　　　　　2 轮种,以减短或避免土地闲置
　　　　　　　3 利用豆科植物改进土壤质量
Ⅴ.土地利用　　1 复种,时或间作套种
　　　　　　　2 利用田头地角种植蔬菜
Ⅵ.工具　　　　1 使用畜力
　　　　　　　2 使用功能特定的各种专门工具

这些特点表明,汉朝农民的确掌握了相当程度的有关深耕细作的技术知识,足以供他们持续地、理性地使用土地。当然,各地在实践中存在着差异。在公元前1世纪,耕种的作

物包括禾、黍、稷、冬春大麦、小麦、大豆、小豆、麻、瓜、瓠、芋、稗、水稻、苏、芝麻、苜蓿和豌豆。除了绿肥外，还有人粪和其他动物诸如绵羊、山羊、猪、牛、马、家禽和蚕的粪便。对水的供给也有人工控制的办法，水渠、陂塘和水井等推动了从依赖雨水向灌溉农业的转变，促进了农作体系高度精细化的发展。

事实上，农作的精细化能大幅度减少隐性的就业不充分，特别是妇女和小孩，他们可以在一些不太需要体力的农活中帮忙，例如除草。复种的做法又进而缩短了农闲时间。不过，中国霜冻季节较长，尤其是在北方这一汉帝国的中心地带，更是如此，这使得汉朝农民不得不度过一个漫长的冬天。与此相应，农活的劳逸分布就不平均，需要大量劳动力的时期只是两个高峰期，即生长季节和收获季节。

从事若干非农业工作可以相当地消解就业不充分。男人是在农闲季节里进行这种活动，妇女和孩子则在农忙季节里也可以从事此类工作。由此所生产的产品既可能供自家使用，又可能到市场上出售，因为这些产品很容易从家用消费品转化为市场产品。这些活动被一些经济学家统称为"Z活动"，它与海默-热兹尼克理论框架中的Z活动相同。

这样，家庭农业的生产会推动一种重商性农业的形成。在如此农业形态下，分散的聚居地（村落和乡镇）似乎是通过一种树状的结构与市场体系联结在一起，各种交易就循着这种树状结构展开。进行这种商业活动的农民，其涉足的地理范围的确会非常宽广。正如王褒的《僮约》所显示的，交易在两个圈子里进行，一个是方圆200公里的大圈子，另一个是方圆50公里的小圈子。城市、集镇、小集市、路边集市的存在，表明已形成贸易地点的层级性网络。

在重商性农业中，也可以进行某种市场投机。按照《四民月令》的描述，农民可以在一年中数次卖出和买进粮食，这样做并不是为了自己消费，而是为了赚钱。同时，农家生产酱和酱菜、酒、醋、药材、丝绸和丝绸制品、鞋等，也是既可以家用，又可以出售。虽然先前也有类似的月令体裁的书，但是在强调商业活动上，《四民月令》却是首例。它表明，正是在汉代，重商性农业成了农村经济的有机组成部分。

《氾胜之书》也含有种植经济作物赚钱的概念。例如，种葫芦不仅仅是用作饲料和瓢，而且也为了做蜡烛。对这种收入，都是按照其市场价格来计算的。商业化会将地方经济与一种整体的区域经济联结起来，最终再联结上全国性的经济体系。后者反过来，又会促进区域间的产品专门化。在司马迁的时代，即大约公元前1世纪，就已有许多地方性特产，诸如燕地和其他一些地区的栗子，安邑和晋的枣子，蜀、汉和江陵的橘子，淮河、济水和黄河之间地区的梓树，陈、夏的漆，齐、鲁的桑树和麻，及渭河河谷的竹子。它们都是在全国范围里销售的产品。

这是一个农业社会，却是重商性农业社会。它将个体农民编织进了一个庞大的经济网络里。这种格局与普遍认为的那种由无数分散、孤立、自给自足的农户单元所构成的古代中国农业社会的图景，相去甚远。[1]具有吊诡意味的是，在这种重商性农业里，资本积累几乎不可能走得很远。在各种因素的促进下，商业性的城市中心逐渐达到了空前的繁荣。在西汉时期的主要交通线沿途，至少出现了26个一流的城市中心。但是工商业阶级在襁褓中就被扼杀了。首先是汉武帝，他一心塑造帝国的权威，疑忌对其宰制权的任何潜在挑战。然后，帝国的官僚阶层高度地发达起来，作为其成员的官僚和地方首领们不仅可以垄断政治权力，而且能够垄断巨额财富。因此，商业化的充分发展再也没有开始的机会了。

活跃的交易是以政治秩序的稳定为依托的。在国家统一、道路通畅、旅途安全的时候，区域间的专门化生产会促使村落里的个体农民参加到巨大的市场网络中去。当政治形势恶化，例如帝国分裂、中央政府号令不灵的时候——更具体言之，当先前外销的产品难以运出，而外地来的特色产品又变得太贵的时候，农民就不得不改变他们的生产和消费习惯。地方首领们也会引导地方走向自我封闭。非农业性的Z活动就从生产市场产品转变回为自家的消费而制作物品、料理杂务。于是一个自给自足的农村社区便出现了。由于这种小社区常常为地方首领所主宰，它也就容易呈现出庄园制的若干特色。在两汉末年时，这种社区都为数众多。但它们并非先前就一直封闭，以后

---

[1]例如，白乐日：《中国文明与官僚制》，页15—16。

也不会长此孤立下去。就像海葵一样，重商性农业和精细化农作下的结构框架，在安全时就膨胀，在危险时就收缩。

总体而言，汉代的农业发展很大程度上就体现为农作规模上的小型化和农作方法上的精细化。当时人口增长致使耕地不足的压力相当沉重，在经济最发达的区域压力尤其突出，汉代农作的进展就是对这种压力的一种回应。必须用现金支付的要求（例如人头税），及精细化农作中劳力使用的季节性分布不均，促成了非农业活动。这种活动反过来又使市场导向的经济行为变得可能。但是，在无法利用市场时，农民又可重新调整这种行为，采取较为自给自足的经济模式。

参考文献

中文著作

《四部备要》。
《四部丛刊》。
《急就篇》,四部丛刊版。
严可均辑:《全后汉文》,1894年;台北:世界书局,1961年再版。
《战国策》,四部备要版。
《周礼注疏》,四部备要版。
《晋书》,四部备要版。
《尔雅》,四部丛刊版。
《韩非子》,四部备要版。
王先谦集解:《后汉书集解》,台北:艺文印书馆,1915年再版。
《淮南子》,四部备要版。
《汉书补注》,王先谦补注,台北:艺文印书馆,1900年再版。
《荀子》,四部备要版。
《管子》,四部备要版。
《礼记注疏》,四部备要版。
《隶释》,四部丛刊版。
《吕氏春秋》,四部备要版。
《毛诗正义》,四部备要版。
《墨子》,四部备要版。
泷川龟太郎:《史记会注考证》,台北:艺文印书馆,1934年再版。

郦道元：《水经注》，四部备要版。

赵一清：《三国志补注》，台北：艺文印书馆，出版时间不详。

《尚书注疏》，四部备要版。

许慎：《说文解字》，四部丛刊版。

李昉：《太平御览》，台北：中华书局，1967年再版。

桓宽：《盐铁论》，四部备要版。

安徽省博物馆：《安徽新石器时代遗址的调查》，《考古学报》，1957年第1期，页21—30。

张政烺：《卜辞裒田及其相关诸问题》，《考古学报》1973年第1期，页93—120。

常璩：《华阳国志》，四部备要版。

陈直：《两汉经济史料论丛》，1958。

陈恒立：《管子牧民乘马八观等篇研究》《新建设》，1956年第5期，页51—59。

陈啸江：《关于一亩三甽问题的商榷并答杨君》，《食货》，第2卷（1935）第1期，页3—15。

陈公柔、徐苹芳：《关于居延汉简的发现和研究》，《考古》，1960年第1期，页45—53。

陈良佐：《中国古代农业施肥之商榷》，《历史语言研究所集刊》，第42卷第4部分（1971），页829—842。

——.《我国历代农田使用之绿肥》，《大陆杂志》，第46卷，第5期，页20—47。

陈槃：《由汉简中之军吏名籍说起》，《大陆杂志》，第2卷，第8期（1951），页15，19，32。

陈祖槼：《中国文献上的水稻栽培》，《农史研究集刊》，第二册，北京：科学出版社，1960年。

程树德：《九朝律考》，上海：中华书局，1926年。

漆侠：《秦汉农民战争史》，北京：三联书店，1962年。

嘉峪关文物小组：《嘉峪关汉画像砖墓》，《文物》，1972年第12期，页24—41。

钱穆：《中国古代北方农作物考》，《新亚学报》，第1卷第2期（1956），页1—27。

钱大昕：《后汉书补表》，《二十五史补编》，北京：中华书局，1955年。

金发根：《永嘉乱后北方的豪族》，台北：中国学术著作奖委员会，1964年。

《经典释文》，四部丛刊版。

《九章算术》，四部丛刊版。

竺可桢：《中国近五千年来气候变化的初步研究》，《考古学报》1972年第1期，页15—38。

——《论我国气候的几个特点及其与粮食作物生产的关系》，《地理学报》30，第1期（1964），页1—14。

屈万里：《论禹贡著成的时代》，《历史语言所集刊》，35（1964），页53以次。

严可均辑：《全汉文》（包括《全前汉文》和《全后汉文》），1894年；台北：世界书局，1961年再版。

《全国基本建设工程中出土文物展览图录》，北京：1954年。

中国科学院考古研究所：《居延汉简甲编》，北京：1959年。

中国农业遗产研究室编：《中国农学史》，北京：科学出版社，1959年。

沈钦韩：《汉书疏证》，浙江官书局，1900年。

贺昌群：《秦汉间个体小农的形成和发展》，《汉唐间封建土地所有制形式研究》，上海：人民出版社，1964年。

何炳棣：《黄土与中国农业的起源》，香港：香港中文大学出版社，1969年。

河南省文化局文物工作队：《巩县铁生沟汉代冶铁遗址》，北京，1963年。

侯仁之：《中国古代地理名著选读》，北京：科学出版社，1959年。

夏鼐：《辉县发掘报告》，北京：科学出版社，1956年。

夏纬瑛：《管子地员篇校释》，北京：中华书局，1958年。

——《吕氏春秋上农等四篇校释》，北京：农业出版社，1956年。

许倬云：《汉代家庭的大小》，《庆祝李济先生七十岁论文集》，台北：1967年。

——《两周农作与技术》，《历史语言研究所集刊》，第42卷第4部分（1971），页803—827。

——《三国吴地的地方势力》，《历史语言研究所集刊》，第37卷第1部分（1967），页185—200。

徐仲舒：《耒耜考》，《历史语言研究所集刊》，第2卷第1部分（1930），页

11—59。

徐复观:《周秦汉政治社会结构之研究》,香港:新亚研究所,1972年。

荀悦:《申鉴》,汉魏丛书版。

胡锡文:《中国小麦栽培技术简史》,《农业遗产研究集刊》,第1卷(1958),页51—75。

胡道静:《释菽篇——试论我国古代农民对大豆根瘤的认识》,《中华文史论丛》,第3卷,页111—119,上海,1963。

黄展岳:《近年出土的战国两汉铁器》,《考古学报》,1957年第3期,页93—108。

黄烈:《释汉简中有关汉代社会性质诸例》,《历史研究》,1957年第6期,页65—78。

黄盛璋:《江陵凤凰山汉墓简牍及其在历史地理研究上的价值》,《文物》,1974年第6期,页66—67。

黄耀能:《水经注时代所出现的中国古代渠陂分布及其所代表意义》,《幼狮月刊》,第43卷第5期(1976),页56—63。

弘一:《江陵凤凰山十号汉墓简牍初探》,《文物》,1974年第6期,页78—84。

高平子:《学历散论》,台北:"中央研究院",1969年。

考古研究所:《新中国的考古收获》,北京:1962年。

江苏省文物管理委员会:《江苏无锡锡山公园古遗址清理简报》,《文物参考资料》,1956年第1期。

江苏省文物管理委员会编:《江苏徐州汉画像石》,北京:科学出版社,1959年。

——.《江苏无锡仙蠡墩新石器时代遗址清理简报》,《文物参考资料》,1955年第8期。

顾颉刚著,侯仁之编:《禹贡》,《中国古代地理名著选读》,北京:科学出版社,1959年。

《古诗选》,四部备要版。

郭沫若:《两周金文辞大系》,上海,1936年。

——.《奴隶制时代》,北京:科学出版社,1956年。

郭宝钧:《洛阳西郊汉代居住遗址》,《考古通讯》,1956年第1期,页18—26。

——.《洛阳涧滨古文化遗址及汉墓》,《考古学报》,1956年第1期,页11—28。

郭文韬:《中国古代农作制知识的考察》,《中国农报》,1963年第9期,页41—48;第10期,页33—39。

劳榦:《居延汉简考释之部》,台北:"中央研究院",1960年。

——.《居延汉简考释释文之部》,南京:中央研究院,1949年。

——.《居延汉简释文之部》,台北:"中央研究院",1960年。

——.《汉简中的河西经济生活》,《历史语言研究所集刊》,第11卷(1943),页61—75。

——.《汉代兵制及汉简中的兵制》,《历史语言研究所集刊》,第10卷(1943),页23—55。

——.《〈黄土与中国农业的起源〉跋》,何炳棣,香港:香港中文大学出版社,1969年。

——.《两汉郡国面积之估计及口数增减之推测》,《历史语言研究所集刊》,第5卷(1935)第2期,页215—240。

——.《两汉户籍与地理之关系》,《历史语言研究所集刊》,第5卷(1935)第2期,页179—214。

——.《论汉代的内朝与外朝》,《历史语言研究所集刊》,第13卷(1948),页227—267。

——.《大石与小石》,《大陆杂志》,第1卷第11期,页21。

《礼记郑注》,四部备要版。

李剑农:《先秦两汉经济史稿》,北京:中华书局,1962年。

李孟扬、刘有菊:《"亩收百石"之谜》,《文史哲》,1964年第2期,页47,54—55。

李文信:《古代铁农具》,《文物参考资料》,1954年第9期,页80—86。

李亚农:《欣然斋史论集》,上海:上海人民出版社,1962年。

历史研究所编辑部:《中国古代史分期问题讨论集》,北京:三联书店,1957年。

刘珍:《东观汉记》,扫叶山房,1795年。

刘志远:《成都天山崖墓清理记》,《考古学报》,1958年第1期,页87—103。

刘熙:《释名》,四部丛刊版。

刘仙洲：《中国古代农业机械发明史》，北京：北京科学出版社，1963年。
刘秉仁：《两汉的人口与食粮政策》，《禹贡》，第7卷第13期，页171—182。
刘道元：《商鞅变法与两汉田赋制度》，《食货》，第1卷第3期，页1—13。
罗振玉、王国维编著：《流沙坠简考释》，出版信息不详。
洛阳区考古发掘队：《洛阳烧沟汉墓》：北京：科学出版社，1959年。
洛阳发掘队：《洛阳西郊汉墓发掘报告》，《考古学报》，1963年第2期，页158。
《论衡》，四部备要版。
《论语注疏》，四部备要版。
马乘风：《中国经济史》，第2版，上海：商务印书馆，1939年。
马承源：《商鞅方升和战国量制》，《文物》，1972年第6期，页17—24。
马非百：《秦汉经济史资料（3）：农业》，《食货》，第3卷第1期，页9—33。
——.《秦汉经济史资料（7）：租税制度》，《食货》，第3卷第1期，页9—33。
马国翰：《农家佚书辑本九种》，台北：世界书局，1964年再印。
《毛诗注疏》，四部备要版。
缪启愉等：《商君书时代的社会变革和农业变革》，《中国农学史》第三章。
南京博物院：《利国驿古代炼铁炉的调查及清理》，《文物》，1960年第4期，页46—47。
潘鸿声、杨超伯：《战国时代的六国农业生产》，《农史研究集刊》第二册，页48—63，北京：科学出版社，1960年。
《商君书》，四部备要版。
山西省文物管理委员会：《山西平陆枣园村壁画汉墓》，《考古》，1959年第9期，页462—463。
陕西省博物馆：《米脂东汉画像石墓发掘简报》，《文物》，1972年第3期，页69—76。
史念海：《释史记货殖列传所说的"陶为天下之中" 兼论战国时代的经济都会》，《人文杂志》，1958年第2期，页77—87。
石声汉：《齐民要术今释》，北京：科学出版社，1957年。
——.《四民月令校注》，北京：中华书局，1965年。
——.《氾胜之书今释》，北京：科学出版社，1959年。

司马光：《资治通鉴》，四部丛刊版。

孙常叙：《耒耜的起源及其发展》，上海：上海人民出版社，1964年。

孙星衍：《尚书今古文注疏》，四部备要版。

四川省博物馆：《四川省牧马山灌溉渠古墓清理简报》，《考古》，1959年第8期，页419—429。

四川省博物馆文物工作队：《四川新津县抱子山崖墓清理简报》，《考古通讯》，1958年第8期，页31—37。

唐长孺：《魏晋南北朝史论丛》，北京：三联书店，1955年。

陶希圣：《西汉经济史》，上海：商务印书馆，1935年。

田昌五：《汉武帝》，《人民中国》，1960年第8期，页5—8。

天石：《西汉度量衡略说》，《文物》，1975年第2期，页79—89。

丁颖：《江汉平原新石器时代红烧土中的稻谷壳考察》，《考古学报》，1959年第4期，页31—34。

——.《中国栽培稻种的起源及其演变》，《稻作科学论文选集》（中国农业科学院编），北京，1959年。

曹隆恭：《中国农史文献上粟的栽培》，《农史研究集刊》第二册，页94—108。

曾庸：《汉代的铁制工具》，《文物》，1959年第1期，页16—19。

曾永乾：《尚书正读》，北京：中华书局，1964年。

邹豹君：《中国文化起源地》，《清华学报》，卷号不详，第6期（1967），页22—34。

邹树文：《诗经时代黍稷辨》，《农史研究集刊》第二册，页18—34。

东北博物馆：《辽阳三道壕西汉村落遗址》，《考古学报》，1957年第1期，页119—126。

童书业：《从中国开始用铁的时代问题评胡适派的治学方法》，《文史哲》，1955年第2期，页30—33。

万国鼎：《吕氏春秋中的耕作原理》（合著），《中国农学史》，中国农业遗产研究室编，北京：科学出版社，1959年。

——.《吕氏春秋的性质及其在农学史上的价值》，《农史研究集刊》第二册，页175—185。

——.《五谷史话》,中华书局,出版地和出版时间不详。

——,《中国农学史》,中国农业遗产研究室编,北京:科学出版社,1959年。

王仲荦:《关于中国奴隶社会的瓦解及封建关系的形成问题》,《中国古代史分期问题讨论集》,《历史研究》编辑部编,上海:三联书店,1957年。

王仲殊:《汉代物质文化略说》,《考古通讯》,1956年第1期,页57—76。

王叔岷:《吕氏春秋校补》,台北:"中央研究院",1950年。

王毓瑚:《区种十种》,北京:财政经济出版社,1955年。

吴山菁:《略论青莲岗文化》,《文物》,1973年第6期,页45—61。

杨仲礼:《再论一亩三甽岁代处》,《食货》,第2卷第4期,页29—40。

杨宽:《中国古代冶铁技术的发明和发展》,上海:上海人民出版社,1956年。

杨联陞:《从四民月令所见到的汉代家族的生产》,《食货》,第1卷第6期,页8—11。

——.《东汉的豪族》,《清华学报》,第11卷第4期(1936),页1007—1063。

严耕望:《中国地方行政制度史》,台北:"中央研究院",1961年。

尹仲容:《吕氏春秋校释》,台北:中华丛书委员会,1958年。

殷涤非:《安徽省寿县安丰塘发现汉代闸坝工程遗址》,《文物》,1960年第1期,页61—62。

游修龄:《对河母渡遗址第四文化层出土稻谷和骨耜的几点看法》,《文物》,1976年第8期,页20—23。

于景让:《黍稷粟粱与高粱》,《大陆杂志》第13卷,第43期,页1—10;第4期,页15—20。

——.《栽培植物考》第二卷,台北:艺文印书馆,1972年。

余英时:《东汉政权之建立与世族大姓之关系》,《新亚学报》第1卷,第2期(1956),页209—280。

友于:《管子地员篇研究》,《农史研究集刊》第一册,页17—36。

——.《管子度地篇探微》,《农史研究集刊》,第一册,页1—16。

——.《由西周到前汉的耕作制度沿革》,《农史研究集刊》第二册,页1—17。

日文著作

天野元之助　中國畝制考 東亞經濟研究報
——.中國古代史家の諸說を評す 歷史學研究
——.中國における犁の發達 東方學報
——.中國農業史研究
——.代田と區田　漢代農業技術考 松山商大論集
——.「火耕水耨」の辯　中國古代江南水稻技術考 史學雜誌
漢代豪族の大土地經營試論 瀧川博士還曆記念論文集
五井直弘　漢代公田における假作について
濱口重國　中國史上の古代社會問題に關する覺書 山梨大學學藝部研究報告
踐更と過更—如淳說の批判 東洋學報
——.秦漢隋唐史の研究
平中苓次　中國古代の田制と稅法 東洋史研究叢刊
——.漢代公田の「假」—鹽鐵論園池篇の記載について 和田博士古稀記念東洋史論叢
——.居延漢簡と漢代の財產稅 立命館大學人文科學研究所紀要
——.秦代の自實田について 立命館文學
——.秦代土地制度の一考察—「名田宅」について
伊藤德男　代田法の一考察 史學雜誌
影山剛　漢代の經濟觀について
加藤繁　支那經濟史考證
木村正雄　中國古代帝國の形成—特にその成立の基礎條件
——.秦漢時代の田租とその性格 歷史學研究
——.前後漢交替期の農民叛亂　その展開過程 東京教育大學文學紀要
牧野巽　漢代における犁耕法進步の意味するもの 東西學術研究所論叢
增淵龍夫　中國古代の社會と國家—秦漢帝國成立過程の社會的研究
——.漢代郡縣制の地域別的考察について 中國古代史研究
——.先秦時代の山林藪澤と秦の公田 中國古代の社會と國家

守屋美都雄　中國古代の家族と國家

——.中國古歲时记の研究—資料復元を中心として

諸橋轍次　大漢和辭典

永田英正　漢代人頭税の崩壞過程—特に算賦を中心として 東洋史研究

西嶋定生　中國經濟史研究 東京大學文學部研究報告

——.中國古代帝國の形成と構造

——.漢代の土地所有制—特に名田と占田について 史學雜誌

——.秦漢帝國 中國の歷史

岡崎文夫　支那古代の稻米稻作考 南北朝における 社會經濟制度

岡崎敬　漢代明器泥象にあらわれそ水田水池について—四川省出土品を中心として 考古學雜誌

大島利一　屯田と代田

——.呂氏春秋農業四篇に見元る農業技術について 史林

關野雄　新耒耜考 東洋文化研究所紀要

篠田統　五穀の起源 自然と文化

白川静　詩經に見元る農事詩（上）

多田狷介　侯景の亂前史

德永重康，直良信夫 "滿州" 帝國吉林省顧鄉屯第一回發掘報告

宇都宮清吉　漢代豪族論 東方學報

——.漢代社會經濟史研究

米田賢次郎　漢代田租查 定法管見 滋賀大學教育學部紀要

——.漢代徭役日數に關する一試論

應劭「火耕水耨」注より見たる後漢江淮の水稻作技術について

——.齊民要術と二年三毛作

吉田虎雄　兩漢租税の研究

西文著作

Almond, Gabriel A. "A Functional Approach to Comparative Politics." In *The Politics of the Developing Areas*, edited by G.A. Almond and J.S. Coleman. Princeton, N.J.: Princeton University Press, 1960.

Balazs, Etienne. *Chinese Civilization and Bureaucracy*, translated by H.M. Wright. New Haven: Yale University Press, 1964.

Bielenstein, Hans. "The Restoration of the Han Dynasty." *Bulletin of the Museum of Far Eastern Antiquities*(Stockholm), no.26(1954), pp.1—209.

Blau, Peter. "The Implication of Weber's Construct." In *Bureatcracy in Historical Perspective*, edited by Michael T. Dalby and Michael S. Werthman. Glenview, Ill.: Scott, Foresman & Co., 1971.

Bodde, Derk. *China's First Unifier: A Study of the Ch'in Dynasty as Seen in the Life of Li Ssu*. Sinica Leidensia, vol.3. Leiden: E.J. Brill, 1938.

Boserup, Ester. *The Conditions of Agricultural Growth*. Chicago: Aldine Atherton, 1965.

Bunting, Brian T. *The Geography of Soil*. Chicago: Aldine, 1967.

Chang, Chun-shu. "The Colonization of the Ho-hsi Region——A Study of the Han Frontier System." Ph. D. dissertation, Harvard University, 1963.

——. "The Han Colonists and Their Settlements on the Chü-yen Frontier." *Tsing Hua Journal of Chinese Studies*, n.s. 5, no.2(1966):154—269.

Chi, Ch'ao-ting. *Key Economic Areas in Chinese History*. 2nd ed. New York: Paragon, 1963.

Ch'ü, T'ung-tsu. *Han Social Structure. (Han Dynasty China)*, vol.1. Seattle: University of Washington Press, 1972.

de Crespigny, Rafe, trans. *The Last of the Han*. Canberra: University of Australia, 1970.

Dubs, Homer H., trans. *History of the Former Han Dynasty, by Pan Ku*. 3 vols. Baltimore: Waverley Press, 1938,1944,1955.

——. trans. *The Works of Hsüntze, London*: Arthur Probsthain, 1928.

——. "Wang Mang and His Economic Reforms." *T'oung Pao* 35(1946):205—219.

Duyvendak, J. J. L., trans. The Book of *Lord Shang: A Classic of the Chinese School of Law.* London: Arthur Probsthain, 1928.

Eberhard, Wolfram. "Bemerkungen zu statistischen Angaben der Han-Zeit." *T'oung Pao* 36(1940):1—25.

——. *Conquerors and Rulers*. 2nd ed. Leiden: E. J. Brill, 1968.

Ebrey, Patricia B. "Estate and Family Management in the Later Han as Seen in the Monthly Instructions for the Four Peoples." *Journal of the Economic and Social History of the Orient* 17(1974):173—205.

Eisenstadt, S. N. *The Political Systems of Empires: The Rise and Fall of the Historical Bureaucratic Societies*. Now York: The Free Press of Glencoe, 1963.

Gale, Esson M., trans. *Discourses on Salt and Iron: A Debate on State Control of Commerce and Industry in Ancient China.* Leiden: E. J. Brill, 1931.

Harrison, John A. *The Chinese Empire*. New York: Harcourt Brace Jovanovich, 1972.

Ho, Ping-ti. "The Loess and the Origin of Chinese Agriculture." *American Historical Review* 75, no.1(1969):1—36.

——. *The Cradle of the East*. Chicago: University of Chicago Press, 1975.

Hoselitz, Bert F. "Economic Policy and Economic Development." In *The State and Economic Growth*, edited by Hugh G. J. Aitken, pp.325—352. New York: Social Science Research Council, 1959.

——. "Levels of Economic Performance and Bureaucratic Structures." In *Bureaucracy and Political Development*, edited by Joseph La Palombara, pp.168—198. Princeton, N.J.: Princeton University Press, 1963.

Hsu, Cho-yun. *Ancient China in Transition*: *An Ainlysis Mobility,722—222B. C.* Stanford, Calif.: Stanford University Press, 1965; paperback, 1968.

——. "The Changing Relationship between Local Society and the Central Political Power in Former Han 206B.C.-8A.D.," *Comparative Studies in Society and History*, vol.7, no.4(1965).

Hulsewe, A. F. P. *Remnants of Han Law*. Vol.1. Leiden: E. J. Brill, 1955.

Hymer, Stephen, and Stephen Resinick. "A Model of an Agrarian Economy with Nonagricultural Activities." *American Economic Review*, vol.59, no.4, pt.1(Sept.1969).

Karlgren, Bernhard, trans. "The Book of Documents." *Bulletin of the Museum of Far Eastern Antiquities*(Stockholm), no.22(1950), pp.1—81.

Legge, James, trans. *The Chinese Classics*. 5 vols. 1893—1895. Hong Kong: Hong Kong University Press, 1970.

Levy, Howard. "Yellow Turban Religion and Rebellion at the End of Han." *Journal of the American Oriental Society* 76(1956):214—227.

Loewe, Michael. *Records of Han Administration*. London: Cambridge University Press, 1967.

——. "Measurement of Grain during the Han Period." *T'oung Pao*, series 2,49:75—95.

Malthus, T. R. *First Essay on Population*. 1798. London: Royal Economic Society, 1926.

Rand McNally. *Illustrated Atlas of China*. Chicago: Rand McNally, 1972.

Mei, Y. P., trans, *The Ethical and Political Works of Motse*. London: Arthur Probsthain, 1929.

Needham, Joseph. *Science and Civilization in China*, vol.3. 5 vols. Cambridge: Cambridge University Press, 1959.

Pokora, Timoteus, trans. *Hsin-lun (New Treatise) and other Writings by Huan T'an (43B.C.-28A.D.)*. Ann Arbor, Mich.: Center for Chinese Studies, University of Michigan, 1975.

Shen, T. H. *Agricultural Resources of China*. Ithaca: Cornell University Press, 1951.

Skinner, G. William. "Chinese Peasants and the Closed Community: An Open and Shut Case." *Comparative Studies in Society and History*, vol.12, no.3(1971).

——. "Marketing and Social Structure in Rural China," Part I. *Journal of Asian Studies* 24, no.1(1964):3—43.

Smith, T. L., and P. E. Zopf. *Demography: Principles and Methods*. Philadelphia: Davis, 1970.

Swann, Nancy, trans. *Food and Money in Ancient China: The Earliest Economic History of China to A.D. 25*. Princeton, N.J.: Princeton University Press, 1950.

Vale, Joshua. "Irrigation of the Ch'eng Tu Plain." *Journal of the North China Branch of the Royal Asiatic Society*, vol.33(1899—1900).

Wang, Yü-ch'üan. "An Outline of the Central Government of the Former Han Dynasty." *Harvard Journal of Asiatic Studies* 12(1949):134—187.

Watson, Burton, trans. *Records of the Grand Historian of China: From the Shih Chi of Ssu-ma Ch'ien*. 2 vols. New York: Columbia University Press, 1961.

Whitney, Milton. *Soil and Civilization*. New York: Van Nostrand, 1925.

Wilbur, C. Martin. *Slavery in China during the Former Han Dynasty*, 206 B.C.-A.D.25. 1943. New York: Russell and Russell, 1967.

Wrigley, E. A. *Population and History*. 1969. New York: McGrawHill, 1971.

Yang, Lien-sheng. *Studies in Chinese Institutional History*. Cambridge, Mass.: Harvard University Press, 1961.

Yü, Ying-shih. *Trade and Expansion in Han China*. Berkeley: University of California Press, 1967.

索 引

A

G.A.阿尔蒙德 Almond, G.A., 55, 56 脚注

艾伯哈德 Eberhard, Wolfram, 98 脚注

S.N.艾森斯塔德 Eisenstadt, S.N., 47

安徽省 Anhwei Province, 129, 136, 184

安亭郡 An-ting commandery, 37

安邑 An-I, 194

B

稗 Water darnel, 109, 193

白渠 Pai-chu irrigation system, 35, 137—138

班固 Pan Ku, 145, 165

伊斯特·包斯拉 Boserup, Ester, 191

北海 Pei-hai, 185

边疆地区 Frontier regions

    边疆地区的土地价格 price of land at, 22—23, 86, 100 脚注

    向边疆地区移民 migration to, 31—33

    北部边疆 northern, 31, 33, 42, 177

    戍边 garrisons at, 89—91

    边疆地区与农作 and farming, 112, 177—181

    边疆地区与代田法 and tai-t'ien, 149—150

    边疆地区的情况 conditions at, 165, 178—180

    西北边疆 northwest, 174

扁豆 Lentils, 114

变法 Reform, political

    战国时期的变法 of Chan-kuo period, 14

宾客 Guests, 72 脚注, 178 脚注

兵役 Service, military

    军功爵制 and rank, 15

    兵役与代役金 and exemption fee, 101—103

    服兵役的年龄 age for, 102

    兵役的时间长度 length of, 102

卜式 Pu Shih, 168

彼德·布劳 Blau, Peter, 57脚注
部曲 Troops, personal, 72脚注, 178脚注
渤海湾 Chihli Bay, 175
剥削 Exploitation
    对农民的剥削 of farmers, 25—26

C

财产 Property
    财产税 taxation of, 49—51
蚕 Silkworms
    蚕的食物 food for, 118
    蚕与肥料 and fertilizer, 125
蚕豆 Broan beans, 113—114, 117
曹操 Ts'ao Ts'ao, 72脚注, 180
草秸 Hay, 98
曹邴氏 Ping family, 46
厕所, 陶制的模型 Toilets, in terra cotta models, 127
产稻区与产麦区的过渡地带 Rice-wheat transitional line, 136
长安 Ch'ang-an, 56, 135
长柄镰刀 Scythe, 157, 160
长江 Yangtse River, 152—153, 174—175
长江流域 Yangtse River valley,
    向长江流域的移民 migration to 34
    长江流域的土壤 soils of, 120
    长江流域的灌溉 irrigation in, 137
    长江流域的农作 farming in, 152—153
    提到长江流域 mentioned, 115, 175
长江三角洲 Yangtse delta, 115
常平仓 Ever-novel granary, 105
长沙 Ch'ang-sha
    长沙王 prince of, 64
常山 Ch'ang-shan
    常山郡 commandery, 185
朝臣 Courtiers, 62, 70
晁错 Ch'ao-Ts'o, 17—18, 26, 30—31, 48, 87, 88脚注, 143
朝鲜, 174
陈 Ch'en, 194
陈立 Ch'en Li, 41
陈留 Ch'en-liu, 118, 170, 184
陈直 Ch'en Chih, 91—92
程郑 Ch'eng Cheng, 46
承德 Chen-te frontier, 158
城市 Cities
    商业城市 Commercial, 43—44, 195
敕令, 见诏令 Edicts. See Laws
赤眉 Red Eysbrows, 181
城市化 Urbanization, 1
宠臣 Favorites, 24, 58
    参见权贵；外戚；宦官 See also Families, powerful; Families, consort; Eunuchs
春陵侯 Ch'ung-ling marquisate, 64—65及脚注, 69

虫害 Insects
 早期的治虫 early management of, 8
 虫害与种子处理 and seed, 156
锄 Hoe, 123, 124, 125
除草 Weeding,
 稻田里的除草 in rice paddies, 152, 153, 155
楚 Ch'u, 129
楚庄王 Chuang, king, of Ch'u, 129
畜力牵引 Draft animals, 148
春节 New Year's Day, 93
春秋时期 Ch'un-ch'iu period, 44
葱 Onions, 114, 119
崔朝 Ts'ui Ch'ao, 75
崔烈 Ts'ui Lieh, 75, 77 脚注
崔寔 Ts'ui Shih, 74, 75, 76, 77 脚注, 83, 89, 114, 147
崔毅 Ts'ui Yi, 75
崔骃 Ts'ui Yin, 74 脚注, 75

D

大葱 Scallions, 144
大戴礼记 *Ta-tai li-chi*, 79 脚注
大豆 Soybeans
 大豆情况介绍 introduction of, 113
 大豆叶 leaves of, 117
 大豆和水 and water, 133
 大豆和轮种 and crop rotation, 144
 提到大豆 mentioned, 109, 114, 193
大麦 Barley
 大麦的情况介绍 introduction of, 112—113
 大麦的种植和栽培 planting and cultivation of, 112—113
 提到大麦 mentioned, 113, 193
大司农 Grand Ministry of Agriculture, 35
代田法 Tai-t'ien method, 145—146, 150
稻 Rice
 稻的种类 types of, 115—116, 128—129
 稻的栽培 cultivation of, 116, 133—137
 稻与灌溉 and irrigation, 137, 139, 143, 152
 提到稻 mentioned, 4, 7, 109, 124, 128, 129, 130
刀耕火种 Slash-and-burn farming, 126, 144, 152
道路 Roads
 战国时期的道路 of Chan-kuo period, 44
稻田 Rice paddy, 129—130, 137, 139, 143, 152
邓氏（外戚）Teng(consort family), 59
《地理志》"Geographical Treatise", 169
地区专门化 Regional specialization, 45
 参见农作 See also Farming
《地员篇》(《管子》) "Ti-yuan", 121,

122, 123, 124

地主 Landlords

    政府作为地主 government as, 39, 40

    地主的收入 income of, 74

    地主的社会分化 social differentiation of, 79

    地主的财富 wealth of, 81—83

    地主的剥削情况 exploitation by, 182脚注

    地主所有制 Landlordism, 76—80

佃农制 Tenancy

    采用佃农制的缘由 reasons for, 18, 82脚注, 83, 84

    佃农制的盛行 prevalence of, 83—85

    佃农制和屯田 and t'un-t'ien, 178—180

    提到佃农制 mentioned, 191—192

    佃农 Tenants, 81

刁闲 Tiao Hsien, 46

丁氏（外戚）Ting(consort family), 24, 59

东观汉记 Tung-kuan Han-chi, 98脚注

东海 Tung-hai, 185

东郡 Tung Chun, 185

冬葵 Hibiscus, 117, 119

东平 Tung-p'ing, 185

董贤 Tung Hsien, 24, 62

董仲舒 Tung Chung-shu, 17, 55, 88脚注, 100, 101, 102, 110, 112

豆类 Beans

    豆类情况介绍 introduction of, 113—114

    土壤与豆类 soils and, 118

    豆类的间作套种 interplanting of, 144

    提到豆类 mentioned, 14, 108, 109, 192

窦氏（外戚）Tou(consort family), 59

窦宪 Tou Hsien, 61

窦婴 Tou Ying, 60

都江堰 Tu-chiang Dam, 130

杜氏 Tu family, 46

杜预 Tu Yü, 154

敦煌汉简 Tun-huang tablet, 179脚注

多田狷介 Tada Kensuke, 185

多种作物体系 Multicrop system, 114, 144—145, 192

E

尔雅 Erh-ya, 113

"二田"制 Two-field system, 146

F

F产品 F Products, 172, 181

樊宏 Fan Hung, 173

樊氏 Fan family, 79, 139

氾胜之 Fan Sheng-chih, 14, 110, 112, 113, 151, 151脚注, 156

氾胜之书 Fan Sheng-chih-shu, 147, 150,

151, 153, 155, 194
樊重 Fan Chung, 78, 80, 173
纺织 Spinning, 166—167
 纺织生产 Textile production, 166—167, 171
肥力 Fertility
 土壤的肥力 soil, 14, 95, 97, 125
肥料 Fertilizers
 战国时期的肥料 in Chan-kuo period, 6—7, 8
 肥料的种类 types of, 126—127, 150, 155, 160, 167, 192
汾河 Fen River, 131
凤凰山 Feng-huang-shan, 142
封建制 Feudalism, 10—11, 14—15, 188
风箱 Bellows
 水力风箱 water-driven, 160—161
服官，见官府机构 Fu-kuan, See Offices
服虔 Fu Chien, 99
傅氏（外戚家庭）Fu(consort family), 24, 59
妇女 Women,
 妇女作为劳动力 as labor force, 76
 妇女进行的纺织 textile production by, 166—167
赋税 Taxes
 税率 rates of, 17, 27, 51, 69, 94—98
 出卖田地以凑集税费 sale of land for, 25—26
 赋税与王莽 and Wang Mang, 25
 取消赋税 abolishment of, 27

 蠲免赋税 exemptions from, 27
 征收赋税 collection of, 36, 64, 84, 170—171
 对商人的征税 on merchants, 50—52
 不如实报告个人财产以图逃税 cheating on, 52 脚注
 赋税与租 and rent, 65
 土地税 on land, 69, 84—88
 生产率与赋税 productivity and, 88, 106, 146
 粮食税 on grain, 88
 草秣税 on hay, 88
 人头税 poll, 89—90
 土壤品质与赋税 soil quality and, 106

G

告缗 Kao-min, 52 脚注
 参见赋税 See also Taxes
粳稻 Keng rice, 115 脚注
 参见稻 See also Rice
耕种 Cultivation, 191
 参见农作方法，区种 See also Farming methods; Ou-chung
功臣 Meritorious
 功臣得到赐田 granted land, 15
 功臣的封侯 as marquises, 54
 功臣作为地主 as landlords,

57

参见权贵 See also Families, powerful
工官，见官府机构 Kung-kuan. See Offices, Manufacturing
工钱 Wages, 103 脚注
 参见收入 See also Income
工商业 Business
 成功的工商行当 successful, 46—47
 国家对工商业的遏制 state opposition to, 46—53, 170—171
 参见商人 See also Merchants
巩县 Kung-hsien, 160
共同体 Communes, 10
贡禹 Kung Yü, 26, 67, 85
狗 Dogs, 128
骨粉 Bonemeal, 126
古浪 Ku-lang, 158
雇工 Hired hands, 82
谷类 Cereals
 汉代以前 pre-Han, 4, 7
 参见粮食 See also Grain
瓜 Melons, 114, 117, 144, 150, 191
官府 Government
官府与工商业 and business, 170—171
官府机构 Offices
 水利机构 of Water Control, 139—142
 铁官 of Iron Production, 170
 盐官 of Salt Production, 170
 服官 of Textile Manufacturing, 170
 工官 of Manufacturing, 170—171
 典农机构 of commandant for farming, 180
官僚 Bureaucrats, 68—69
关内侯 Kuan-nei-hou, 63 脚注
官营垄断 Monopoly, government
 盐、铁官营 of salt and iron, 49, 159, 170
官员 Officials
 出色的官员 41
 官员的劝农努力 promotion of agriculture by, 41
关中 Kuan-chung, 122, 130, 136, 137, 144
 参见畿辅地区 See also Capital area
《管子》Kuan-tzu, 119, 121, 124, 138 脚注, 141, 142
灌夫 Kuan Fu, 54—55
灌家 Kuan family, 55
灌溉 Irrigation
 灌溉系统 systems of, 35
 召信臣任南阳太守时推动修建水利灌溉工程 Shao Hsin-ch'en's development of, 40
 灌溉与水稻栽培 and rice cultivation, 116
 灌溉与井 and wells, 139
 提到灌溉 mentioned, 130
 参见水渠；水库 See also Canals;

Reservoirs

光武帝（刘秀）Kuang-wu, Emperor (Liu Hsiu), 60, 70, 182

广汉郡 Kuang-han commandery, 91 脚注, 169

贵族 Aristocrats

 担任官职的贵族 as bureaucrats, 69

郭昌 Kuo Ch'ang, 60

郭皇后 Kuo, Empress, 60

郭氏（外戚）Kuo(consort family), 59

H

孩童 Chilren

 参与劳作的孩童 in labour force, 76

韩 Han

 作为战国七雄之一的韩国 Chan-kuo state of, 121

 作为汉代地方行政单位的韩国 state of, 188

韩非 Han Fei, 6

汉哀帝 Ai, Emperor, 23, 38, 62, 70

汉高祖 Kao-tsu, Emperor, 35, 45, 55, 100, 167

《汉官仪》*Han-kuan-I*, 102

汉和帝 Ho, Emperor, 60

汉桓帝 Huan, Emperor, 61

汉惠帝 Hui, Emperor, 59

汉景帝 Ching, Emperor

 汉景帝时的土地税 land tax under, 94

 提到汉景帝 mentioned, 66

汉平帝 P'ing, Emperor, 23, 38

《汉书》*Han-shu*, 19—20, 37, 40, 87, 105, 145, 147, 148, 169, 175

汉水流域 Han River valley, 129

汉文帝 Wen, Emperor

 赐封贵族的数量 number ennobled under, 55

 汉文帝和赋税 and taxes, 94, 190

 提到汉文帝 mentioned, 16, 31, 48, 65, 162

汉武帝 Wu, Emperor,

 汉武帝时的移民 migration under, 56

 汉武帝时的开放政府公地 opened government land, 58

 汉武帝时的赐田 granted land, 59

 汉武帝时的私人贸易 and private trade, 68

 汉武帝与权贵 and powerful families, 69—70

 汉武帝与地主制度 and landlordism, 76—78

 汉武帝与土地没收 and land confiscation, 84

 汉武帝与赋税 and taxes, 99, 100, 101

 提到汉武帝 mentioned, 57, 96, 141 脚注, 148, 149, 170—171, 175 脚注, 189, 195

索引   217

汉宣帝 Hsüan, Emperor, 58
《汉仪》 Han-I, 101 脚注, 102
汉元帝 Yu, Emperor, 23
旱灾 Droughts, 105, 133, 134
汉章帝 Chang, Emperor, 64
禾 Spiked millet
    禾的种植 cultivation of, 109—111
    禾与轮种 and crop rotation, 110
    提到禾 mentioned, 108, 132, 143, 193
何炳棣 Ho Ping-ti, 133
河北 Hopei, 116, 136, 154, 182
河东郡 Ho-tung commandery, 131, 182
河南 Honan, 64, 114, 151 脚注, 154, 170, 180, 182, 184
河南郡 Ho-nan commandery, 170
河内郡 Ho-nei commandery, 91 脚注, 170, 182
何武 Ho Wu, 68
贺昌群 Ho Ch'ang-ch'ün, 15, 32, 103 脚注
鹤嘴锄 Mattock, 157
洪水 Floods, 80, 135—136, 137
鸿隙陂 Hung-his Reservoir, 137
侯览 Hou Lan, 61
《后汉书》 Hou-Han-shu, 39, 40 105, 171, 175
后稷 Hou-chi, 7
瓠 Gourds, 117, 119, 192
湖北 Hupei, 142, 151 脚注, 185
胡椒 Pepper, 117

湖南 Hunan, 185
淮河 Huai River, 136
淮河流域 Huai River valley
    淮河流域的土壤 soils of, 120
    淮河流域的灌溉 irrigation in, 124, 129, 130
    提到淮河流域 mentioned, 30, 115, 116, 182, 194
桓谭 Huan T'an, 80
宦官 Eunuch
    宦官的权力 power of, 59, 60—61
皇朝拥有的土地 Land, imperial
    用于吸引外来劳动力 given to attract foreign labour, 13
    将其授予属民耕种 given for cultivation, 33
    皇室与政府对土地的控制 control of, 47—48
    将其授予穷人 granted to poor, 39, 50, 60
    将其赐予权贵 given to powerful, 59
    将其开放供百姓采集、渔猎 open for use, 40 脚注
    公田与屯田 and tun-t'ien, 149
    参见上林苑、云梦泽 See also Shang-lin Park; Yun-meng Swamp
黄河 Yellow River, 144
黄河流域 Yellow River valley,
    授予穷人的黄河边的低地 lowlands granted to poor, 38

黄河流域的土壤 soils of, 121, 124

黄河流域的灌溉 irrigation in, 129, 131, 135

黄河流域的农作方法 farming methods in, 143

提到黄河流域 mentioned, 180, 182, 194

黄巾军 Yellow Turbans, 180, 181

黄土 Loess, 130

蝗灾 Locusts, 6, 105

辉县 Huei Hsien, 157

火 Fire

用火治虫害 in insect management, 6

火耕 in tilling, 152, 153

货币体系 Monetary system

货币体系的发展 development of, 44

汉武帝时期货币体系的危机 crisis of, under Emperor Wu, 49

霍光 Ho Kuang, 59 脚注

霍塞利兹 Hoselitz, Bert F., 55, 56 脚注

霍氏（外戚）Ho(consort family), 59

J

鸡 Chicken, 128, 168 脚注

畿辅地区 Capital area

畿辅地区的土地价格 price of land in, 22—23

畿辅地区的人口增长 population growth in, 22, 35

畿辅地区的农作 farming in, 121—122, 154

饥荒 Famines

移民与饥荒 migration and, 26, 32, 174

饥荒的影响 incidence of, 104—105, 181

提到饥荒 mentioned, 37, 42, 94

籍田 Ceremonial Field, 27

稷 Millets

土壤与稷 soils and, 122

稷的栽培 cultivation of, 107

稷的灌溉 irrigation of, 122, 123, 133

稷与其他作物的间作套种 interplanting, 144

提到稷 mentioned, 4, 107, 114, 193

参见黍、禾 See also Panicled millet; Spiked millet

《急就篇》*Chi-chiu-pien*, 109

吉田虎雄 Yoshida Torao, 101 脚注

给养 Provisions

军事给养 military, 89 脚注, 88—90

冀朝鼎 Chi Ch'ao-ting, 129 脚注, 136

济南国 Chi-nan, 63

济南郡 Chi-nan commandery, 170, 185

济水流域 Chi River valley, 194

济阴郡 Chi-yin commandery, 185

冀州 Chi region,

冀州的土壤 soil of, 120

枷，见"农具" Chia. See Implements
家禽 Poultry, 127
家庭手工业 Cottage industry, 171
家族，见宗族组织 Kinship. See Clan organization
贾谊 Chia I, 17, 48, 165
假，见"土地"中的"土地租借"，Chia. See Land, lease of
价格 Prices, 51, 104—105
尖头木棒型的挖掘工具 Digging stick, 156
　　参见农具 See also Implements
建始年间 Chieh-shih reign period, 97
间作套种 Interplating, 144
姜 Chiang, 117, 119
江陵 Chiang-ling, 142, 194
江苏 Kiangsu, 185
降水量 Precipitation, 133 脚注
教育 Education,
　　皇帝所接受的教育 of emperors, 23
碣石 Chien-shih, 189 脚注
借或贷款 Loans
　　土地租借 of land, 35, 37 脚注
　　作为大规模的盈利行当的放贷 as large-scale enterprise, 46
　　贷款的利率 interests on, 80
　　参见借贷 See also Borrowing
借贷 Borrowing
　　为了纳税而借贷 to pay taxes, 17
　　参见出借或贷款 See also Loans
芥 Mustard, 117

金 Gold, 23 脚注, 170
金发根 Chin Fa-ken, 178 脚注
泾河 Ching River, 130, 132
经纪 Brokerages, 45
经济 Economy
　　自给自足的经济 self-sufficient, 171, 186
　　参见市场 See also Market
经济区域 Economic areas
　　经济区域的发展 development of, 135
精英 Elites
　　地方精英 local, 38, 65, 77—79
　　参见权贵 See also Families, powerful
荆州 Ching region
　　荆州的土壤 soil of, 120
井 Wells, 129, 139, 163
　　井田制 Well-field system, 10, 11, 25, 71, 88
韭 Leeks, 119
就业不充分 Underemployment, 193
橘 Oranges, 194
巨鹿郡 Chu-lu commandery, 185
居延汉简 Chü-yen tablets, 50, 85, 90, 92, 93, 96 脚注, 97, 102, 149, 166, 178, 179
爵位 Rank
　　军功爵制 and military service, 15
　　刘邦的赐爵 granted under Liu Pang, 29
　　爵位的买卖 sale of, 29—30

赐爵给移民 granted to migrants, 29
参见力田；孝悌 See also Diligent farmer; Filially pious and fraternally respectful

军队 Military
宗族军事化 kinship group joining, 77
军队的后勤供应 provisions and supplies for, 90 脚注, 90
边疆的军队 at frontier, 90—92
兵役 service in, 101 及脚注, 102
三辅地区的卫戍军队 in capital district, 135
屯垦的军队 colonies, 178
参见士兵；起义 See also Soldiers; Uprisings

军阀 Warlords, 179, 180

君主 Monarchs
战国时期的君主 in Chan-kuo period, 10—11

君主制 Monarchy
君主制的领土国家 territorial, 12

郡 Commanderies
各郡的人口 population in, 34, 175—176, 185
郡的行政管理 administration of, 33, 34, 169—170
各郡的水利灌溉 irrigation in, 34, 116, 131, 135—136, 138
——农业 agriculture
农业与常平仓 and ever-normal granary, 105
——土地 land
闲置土地 unused, 41
土地租借 lease of, 41
土地登记 registry of, 94—95
——移民 migration
向北方的移民 to northern, 31—33, 34
向南方的移民 to southern, 31, 32—33, 175
参见移民 See also Migration

郡县制 Chün-hsien governmental system, 188

K

开支 Expenditures
农户的开支 of farmstead, 82—104

孔光 K'ung Kuang, 24

口钱 K'ou-ch'ien, 100, 101
参见"赋税"中的"人头税" See also Tax, Poll

会稽郡 K'uai-chi commandery, 33 脚注

匡衡 K'uang Heng, 67

葵 Mallow, 117

L

腊祭 La sacrifice, 93

E.A.赖里 Wrigley, E.A., 190

琅琊 Lang-ya commandery, 183, 189

索引 221

脚注
劳动力 Labor
　　单位农地上的劳力 on farm, 81, 85, 87 脚注, 142
　　自由劳动力 free, 85
　　劳动力的生产率 productivity of, 150
　　劳动力的构成 makeup of, 151
劳榦 Lao Kan, 34, 93 脚注, 120 脚注, 175, 179 脚注, 185
劳役 Corvee
　　以劳役作为得到土地的回报 as payment for land, 10
　　劳役义务 obligation, 17
　　王莽对农民劳役负担过重现象的谴责 condemnation by Wang Mang, 24
　　免除劳役 exemption from, 28, 30, 102—104
　　免除劳役的移民 migrants exempted from, 93
　　逃避劳役 avoiding of, 177
《老子》*lao-tzu*, 6
乐浪 Lo-lang, 175
耒 *Lei*. See Implements, wooden
犁 Plow
　　战国时期的犁 of Chan-kuo period, 3
　　犁的改进 improvement of, 147, 148, 157—158
　　金属制的犁 metal, 157
犁耕 Plowing

牛耕 Ox-drawn, 158
　　参见深耕 See also Tilling
李冰 Li Ping, 130
李典 Li Tien, 72 脚注
《礼记》*Li-chi*, 79 脚注, 127
李悝 Li K'uei, 89, 90, 93
李乾 Li Ch'ien, 72 脚注
李斯 Li Ssu, 188
礼忠（戍边的军官） Li Chung(garrison officer), 85—86, 99
利率 Interest rates, 80
　　参见借贷 See also Loans
栗氏 Li family, 46
力田 Diligent farmer（cultivater）, 29, 31
栗子 Chestnuts, 194
镰刀 Sickle, 157, 159, 160
梁 *Liang*, 110, 130
　　参见禾 See also Spiked millet
粮仓 Granaries
　　代田仓 tai-t'en, 149
　　常平仓 ever-normal, 105
　　戍边军队的粮仓 garrison, 179
梁鸿 Liang Hung, 167—168
梁惠王 Hui, King of Liang, 13
梁冀 Liang Chi, 60—61, 75
梁氏（外戚） Liang(consort family), 59 及脚注
粮食 Grain(s)
　　作为大规模赢利活动的粮食生产 as large-scale enterprise, 45

粮食的重要性 importance of, 53, 54

粮食的度量 measurement of, 89 脚注, 90 脚注

粮食消费 consumption of, 91

粮食与税收 and tax, 100—101

粮食价格 price of, 98—99, 103—104

主要粮食 principal, 107—116

土壤与粮食 soils and, 123—124

粮食耕作 cultivation of, 130

粮食买卖 purchase and sale of, 144

梁州 Liang

梁州的人口 population of, 121

辽宁 Liaoning, 174

辽阳 Liao-yang, 158, 161

蓼蓝 Indigo, 118

淋溶 Leaching, 124, 131

刘邦 Liu Pang, Emperor, 16, 29, 46

参见汉高祖 See also Kao-tsu, Emperor

刘康 K'ang, Prince, 75

流民 Vagrancy, 21, 22

刘秀 Liu Hsiu, 64, 65

参见光武帝 See also Kuang-wu, Emperor

垄作法, 见代田法 Ridge farming. See Tai-t'ien method

耧 Seeder, 148, 158

鲁 Lu, 185, 194

鲁惟一 Loewe, Michael, 89 脚注, 90 脚注

吕不韦 Lu Pu-wei, 18, 47

吕后 Lu, Empress, 55, 59

吕氏（外戚）Lu(consort family), 59

《吕氏春秋》*Lu-shih-ch'un-ch'iu*, 6—7, 14, 110, 127, 143, 147, 150

绿肥 Weeds, 126—127

参见肥料 See also Fertilizers

洛阳 Lo-yang, 108, 115, 127 脚注, 139

M

麻 Hemp

麻的种子 seed, 118

提到麻 mentioned, 7, 107, 109, 165, 193

马 Horses, 128

马尔萨斯学说 Malthusian theory, 191

马防 Ma Fang, 60

马氏（外戚）Ma(consort family), 59

马棱 Ma Leng, 98 脚注

马援 Ma Yuan, 179

撒播法 Broadcast overseeding, 147

毛皮 Furs, 45

贸易 Trade

区域间贸易 interregional, 44, 45

对贸易的限制 restrictions on, 46, 49

参见地区专门化 See also Regional specialization

孟子 Mencius, 4—6, 9—12

索 引 223

密集播种的农作 Overseeding farming, 147, 156
米田贤次郎 Yoneda Kenjiro, 96 脚注
《名田》Ming-t'ien. 见土地登记 See Land, registray
墨子 Mo-tzu, 13
莽 Mou, 111.
 参见大麦 See also Barley
木村正雄 Kimura Masao, 3, 140, 185
木器家具制作 Housewares
 作为一种赢利行当的木器家具制作 as enterprise, 45
苜蓿 Alfalfa, 111, 117, 193
牧野巽 Makino Tatsumi, 81 脚注

N

南阳郡 Nan-yang commandery, 116, 132, 133, 134, 170, 185
内廷 Inner Court, 58
年龄 Age
 兵役与年龄 military service and, 102
酿酒 Winemaking
 酿酒所耗费的粮食 rice used in, 115
 来自酿酒的收入 profit from, 169
宁成 Ning Ch'eng, 68, 78
牛 Oxen, 127—128
农具 Implements
 战国时期的农具 of Chan-kuo period, 2
 荒地开垦与农具 opening of waste land and, 12
 木制农具 wooden, 156—157
 铁制农具 iron, 157, 159—160, 163
 农具制造 manufacture of, 169
 提到农具 mentioned, 192
农民 Farmers
 独立的自耕农 independent, 9—10, 12—13, 85—86
 农民流向非农作职业 flight to secondery professions, 17
 农民的生存境况 living conditions of, 17
 农民与丧失土地 loss of property, 17
 农民的土地短缺 shortage of land for, 70
 务农的士兵 soldiers as, 179—180
农时 Timing
 注重农时 stress on, 4—5, 7, 192
农业 Agriculture
 劝农 promotion of, 40—41, 190
农作 Farming（or Farm）
 农作的重要性 importance of, 17—18
 农作专门化 specialization of, 45—46
 起义对农作的影响 effect of uprisings on, 181—182

农作的规模 size of, 10—11

农作与宗族组织 and clan organization, 77—79

《四民月令》中的农作 in *Ssu-min-yuen-ling*, 77—78

农作的劳力 labours of, 81—85

农作的活计 work on, 80

农作的收支 income and expenditures of, 80—90

——精耕细作 intensive

精耕细作的起源 origins of, 8, 11

精耕细作的专门化 specialization of, 44—45

起义与精耕细作 uprisings and, 186—187

人口与精耕细作 population and, 190—191

精耕细作的特征 characteristics of, 191

提到精耕细作 mentioned, 13, 128

——农作方法 methods of

刀耕火种 slash-and-burn, 126, 144, 152

代田法 tai-t'ien, 145—146

区种法 ou-chung, 150

水田 wet-land, 152—155

奴婢 Slaves

对拥有奴婢数量的限制 limitations on number owned, 24

先前是奴婢的人作为边疆移民 former, as migrants to frontier, 31

从富人处没收的奴婢 of wealthy confiscated, 50

作为财富的奴婢 as property, 50, 64, 76, 78

作为劳力的奴婢 as labor force, 80—81 及脚注, 82

奴婢的价格 price of, 80—81

在财产登记簿上的奴婢 on property register, 83—84

《僮约》 contract for 86—87, 106, 171, 194

O

"耦耕" Ou-keng（paired tilling）, 157

区田, 见区种 *Ou-t'ien*. See Ou-chung

区种法 *Ou-chung* method, 150, 152

参见"农作"中的"农作方法" See also Farming, methods of

P

彭城 P'eng-ch'eng, 185

皮革 Hides, 45

陂塘 Ponds

陂塘灌溉 irrigation, 137

仆役 Servants, 103 脚注

葡萄 Grape, 111, 117

Q

漆器 Lacquer, 170, 194

索 引　225

齐 Ch'I, 121, 170, 194

《齐民要术》 *Ch'I-min yao-shu*, 80脚注, 110, 155, 156

齐宣王 Hsuan, King of Ch'I, 12

起义 Uprisings, 14, 41, 73, 79, 80, 172—173, 181—186

 参见农作

气候 Climate

 移民与气候 migration and, 175脚注

钱大昕 Ch'ien Ta-hsien, 98脚注

锹 Spade, 5, 157—159

桥姚 Ch'iao T'ao, 46

秦 Ch'in

 秦国的变法 political reform in, 14

 秦国的军功爵制 rank in, 29

 秦国的可耕地 arable land in, 141—142

 秦国政府 government, 188—189

 提到秦 mentioned, 121

 参见秦始皇帝 See also Ch'in Shih-huang-ti

秦彭 Ch'in P'eng, 95, 96及脚注

秦始皇帝 Ch'in Shih-huang-ti

 秦始皇与农民 and farmers, 15, 188

 秦始皇与道路系统 and road system, 44

青葱 Shallots, 119

清河 Ch'in-ho, 158

清酒 Sake, 115

丘陵 Hills

 丘陵的土壤 soils of, 123

权贵 Families, powerful

 权贵对政府的威胁 as threat to government, 3

 权贵与攫取土地 and land acquisition, 33, 59

 由功臣发达的权贵 meritorious as, 63—66

 遏制权贵的举措 measures against, 66

R

热河 Jehol, 186

人口 Population

 人口与耕地 and cultivation land, 13

 人口增长 growth of, 18—19

 人口密度 density, 22

 人口与移民 and migration, 31, 174, 175

 人口与农作规模 and farm size, 141—142

 人口与农民起义 and peasant uprisings, 180, 184—185

 人口普查 Census, 100脚注

任氏 Jen

 任氏发财的行当 budiness of, 46

戎菽 Jung-shu, 113

肉 Meat, 167

如淳 Ju Shun, 102—103

儒生 Scholars, 23
汝南郡 Ju-nan commandery, 136

S

撒播 Broadcast over seeding, 147
三道壕 San-tao-hao, 167, 169, 171
《三国志》 *San-kuo-chih*, 177, 180
三脚耧 Tripod seeder, 148
三田制 Three-field system, 146
桑树 Mulberry trees, 118, 144, 194
山东 Shantung, 154, 185
山西 Shansi, 120, 136, 137, 154, 185
山阳郡 Shan Yang commandery, 185
陕西 Shensi, 112, 120, 129, 130, 131, 136, 154, 180, 182, 185
商人 Merchants
 遏制商人的措施 measures against, 45—46
 没收商人财产 property seizure, 61
 对商人的征税 taxation, 49—51
 参见 工商业；贸易 See also Business; Trade
商鞅 Shang Yang, 14—15, 189
上党郡 Shang-tang commandery, 182
上林苑 Shang-lin Park, 35, 38
烧沟 Shao-kou, 127 脚注
芍陂 Shao Reservoir, 129—130
少府 Privy Treasury, 35
召信臣 Shao Hsin-ch'en, 41, 136
社祭 *She* ceremony, 93

生产率 Productivity
 刘邦时的恢复生产 recovery under Liu Pang, 16
 赋税与生产率 taxes and, 97, 121, 140
 区种的生产率 of pit farming, 151
 劳动力的生产率 of labor, 162
生计 Living
 生计水准 standard of, 163
师丹 Shih Tan, 23, 71
施坚雅 Skinner, William, 172
《诗经》 *Book of Odes*, 6, 10
师史 Shih Shih, 46
石声汉 Shih Sheng-han, 74
石氏（外戚）Shih(consort family), 59
食物 Foods
 战国时期的食物 of Chan-kuo period, 4, 7, 11
 食物短缺 shortage of, 28, 47
 食物的分配 distribution of, 40
 食物的储藏 preserving of, 46
 食物的消费 consumption of, 88—89
《史记》 *Shih-chi*, 44, 95 脚注
史起 Shih Ch'I, 130
士兵 Soldiers
 秦国农民作为士兵 Ch'in farmer as, 15, 47, 179
 得到军功爵位的士兵 meritorious rewarded, 15, 66

士兵的给养 provisions for, 89
士兵的衣服 clothing for, 92
参见军队 See also Military
士兵－农民 Soldier-farmers, 178—179
市场 Market
　市场税 tax on, 49—50
　提到市场 mentioned, 171—172, 181, 194
　市场地点 Marketplaces, 105
《释名》Shih-ming, 157
深耕 Tilling, 5, 14, 122, 157—158
收入 Income
　政府官员的收入 for government service, 65—66
　地主的收入 of landlords, 76—77
　农户的收入 of farmstead, 85—104
　农户来自手工纺织的收入 from weaving, 165—166
　农户来自酿酒的收入 from winemaking, 169
　农户来自制作工具、器具的收入 from manufacture of tools, utensils, 169
守屋美都雄 Moriya Mitsuo, 78, 79 脚注
黍 Panicled millet, 4, 7, 107
蔬菜 Vegetables, 45, 113, 114
《书经》(《尚书》) Shu-ching, 119
蜀郡 Shu commandery, 176, 194

树 Trees, 45
水车 Water weeding, 138
《水经注》Shui-ching-chu, 129
水库 Reservoirs
　用于灌溉的水库 for irrigation, 135—136
　私人兴修、维护的水库 private, 137
水路交通 Transportation, water, 130
水耨 Water-hoeing, 153, 154, 155
水渠或运河 Canals
　灌溉水渠 for irrigation, 129—130
　用于交通的运河 130
　地下水渠 132
水田农作 Wet-land farming, 152—156
舜 Shun, 25
《说文解字》Shuo-wen-chieh-tzu, 121
丝绸 Silk
　丝绸的成本 cost of, 91
司马迁 Ssu-ma Ch'ien, 18, 44, 45, 46, 52—53, 54, 194
四川 Szechwan, 139
　四川盆地 The Szechwun Basin, 34, 129, 130
《四民月令》Ordinances for the Four Peoples, 69, 74—78, 109, 114, 117, 144, 154, 164, 171, 194
苏 Perilla, 109, 117, 193
粟 Su, 109
　参见禾 See also Spiked millet

蒜 Garlic, 117
算 *Suan* unit, 109
算赋 *Suan-fu*, 100—101

T

泰山郡 T'ai-shan commandery, 48, 170, 185
太原郡 T'ai-yuan commandery, 182
唐长孺 T'ang Ch'ang-ju, 177, 178 脚注
陶制品 Terra cotta, 108
田间管理 Ground dressing
 战国时期的田间管理 in Chan-kuo period, 4—5, 8, 110
天井堰 Dam of the Heavenly Well, 3, 138
天野元之助 Amano Motonosuke, 81 脚注, 88 脚注, 163
田畴 T'ien Ch'ou, 177
田蚡 T'ien Fen, 60
铁 Iron
 冶铁 production of, 46, 160
 冶铁官营 government monopoly of, 49, 159
 冶铁作坊 foundries, 160—161
 古代早期铁的应用 early use of, 161 脚注
 参见"农具"中"铁制农具" See also Implements, iron
 铁官 T'ien-kuan. See Offices, Iron Production 170
通货膨胀 Inflation, under Emperor Wu, 49
铜马 Bronze Horse, 181
徒附 Retainers, 72, 83
土地 Land
 土地开垦 opening of, 11
 刘邦时让土地物归原主 return of under Liu Pang, 16
 土地的价格 price of, 22
 土地分配 distribution of, 23—24
 土地国有化 nationalization of, 24
 土地租借 loan of, 37, 38
 土地成了被追逐的财富 as wealth, 51—52
 土地与权贵 and powerful families, 59—62
 土地兼并的危机 acquisition crisis of, 69—71
 土地丈量 survey of, 70, 95
 土地垦殖 reclamation of, 80—81, 82, 126
 土地没收 confistication of, 84
 土地肥力 fertility of, 95
 秦国的可耕地 arable in Ch'in, 141
 土地与农民起义 and peasant uprisings, 181—182
 土地利用 utilization of, 192
 ——私人土地 private
 出卖土地以凑集税费 sale of to pay taxes, 17, 25—26

索引 229

将土地授予穷人 granted to poor, 37—38
权贵掠夺土地 acquisition by powerful, 64—65
——政府公田 public
战国时期的公田 of Chan-kuo period, 12
用公田来吸引外来劳动力 used to attract foreign labor, 15
开发公地 opening of, 34
将公地授予穷人 granted to poor, 36—37
参见皇朝拥有的土地 See also Land, imperial
土地占有 Landholdings
战国时期的土地占有规模 size in Chan-kuo period, 11—12
对土地占有规模的限制 retriction on, 23—25
土地占有与移民 and migration, 31
商人的土地占有 of merchants, 50
朝臣权贵的土地占有 of favorites and courtiers, 70
自耕农的土地占有 of free farmers, 85
参见权贵；外戚 See also Families, powerful; Families, consort
土壤 Soils
土壤的等级 classfication of, 120—124
土壤改良 modification of, 124—128, 192
屯田 T'un-t'ien, 178—181, 187

W

外朝 Outer Court, 59
外戚 Consort families, 59—61
豌豆 Peas, 109, 193
王褒 Wang Pao, 86, 171—172
王成 Wang Ch'eng, 40
王充 Wang Ch'ung, 101 脚注
王国维 Wang Kuo-wei, 90 脚注
王莽 Wang Mang
王莽时期对土地占有的限制 landlording restrictions under, 25—26
王莽与土地国有化 and land nationalization, 70
王莽与政府放贷利率 and loans, 80
王莽与地租 and rents, 84
提到王莽 mentioned, 51, 64, 71, 79, 173, 183
王氏（外戚）Wang(consort family), 59 及脚注, 60
王毓瑚 Wang Yu-hu, 151 脚注
渭河流域 Wei River valley, 180, 182, 194
魏郡 Wei commandery, 121, 183, 185
韦慕廷 Wilbur, C. Martin, 83 脚注, 171 脚注

魏氏（外戚）Wei(consort family), 59
魏文侯 Wen, marquis of Wei, 130
魏襄王 Hsiang, King of Wei, 130
武装集团 Armed bands
 血缘纽带与武装集团 kinship bonds and, 79
 参见宗族组织、寨堡 see also Clan organizations; Fortifications
芜菁 Turnips, 117
无盐 Wu-yen, 46

X

西瓜 Watermelons, 117
西嶋定生 Nishijima Sadao, 29, 57, 79, 180
西门豹 His-men Pao, 130
西域 Western Regions, 111, 112, 113, 117
夏 Hsia, 194
下邳 Hsia, p'I, 176
夏纬瑛 Hsia Wei-yin, 121
夏小正 "Hsia-Hsiao-cheng", 79脚注
籼，见"稻"中"稻的种类" *Hsien.* See Rice, types of
襄邑 Hsiang-I, 170
项羽 Hsiang Yü, 16
萧何 Hsiao Ho, 35
小麦 Wheat
 小麦情况介绍 introduction of, 111
 小麦栽培 cultivation of, 112
 小麦与水 and water, 133
 小麦与灌溉 and irrigation, 136
 小麦与土壤 and soils, 122
 小麦与作物轮种 and crop rotation, 140
 小麦与区种法 and pit farming, 150
 提到小麦 mentioned, 90脚注, 109, 110, 112脚注, 113, 118, 143, 193
小猪 Hogs, 167—168
 参见猪 See also Pigs
孝悌 Filially pious and fraternally respectful, 28
匈奴 Hsiung-nu nomads, 31, 33, 89脚注
新疆 Sinkiang, 113
休耕 Fallowing, 14
制绣品 Embroidery, 170
徐广 Hsu Kuang, 95脚注
徐州 Hsu region, 120, 121
徐宗 Hsu Tsung, 86, 99
许氏（外戚）Hsü(consort family), 59
许行 Hsü Hsing, 11—12
畜牧业 Animal husbandry, 27, 128, 167—168
荀悦 Hsün Yueh, 71
荀子 Hsün-tzu, 5, 6, 9

Y

燕 Yen, 183, 194
燕麦 Oats, 109
盐 Salt
 盐的官营 government monopoly of, 49
 盐的生产 production of, 170

阎氏（外戚）Yen(consort family), 59
《盐铁论》Discourse on Salt and Iron, 35, 38, 44, 94, 96脚注
秧苗 Seedlings, 153
羊 Sheep, 128, 168
杨可 Yang K'o, 50
杨联陞 Yang Lien-sheng, 76, 90脚注, 153脚注
扬州 Yang region,
    扬州的土壤 soils of, 120—121
仰韶文化 Yang-shao culture, 115
尧 Yao, 25
冶铁作坊 Foundry, 160—161
邺 Yeh, 130
衣服 Clothing
    衣服上的花费 cost of, 90—91, 166
移民 Migration, 33—34, 42, 144—147, 174
阴氏（外戚）Yin(consort family), 59, 69
银 Silver, 170
赢利行当 Enterprises, 44—45
    参见工商业；商人 See also Business; Merchants
颍川郡 Ying-ch'uan commandery, 170
应募者 Conscripts, 179
应劭 Ying Shao, 153
友于 Yu Yü, 13, 121, 122, 142脚注
禹 Yü, 120
《禹贡》"Yü-kung", 120, 121
榆钱 Elm pods, 117
宇都宫清吉 Utsunomiya Kiyoyoshi, 64, 65, 66, 87脚注, 172
芋 Taro, 109, 119, 193
豫州 Yu region, 120, 121
元凤时期 Yuan-feng period, 93
苑孔氏 K'ung, family, 46
苑囿 Parks
    战国时期的苑囿 of Chan-kuo period, 12
    参见皇朝拥有的土地 Land, imperial
越 Yüeh, 35, 155
《月令》"Yüeh-ling", 79脚注, 127
越南 Vietnam, 137
云梦泽 Yun-meng swamp, 12

Z

Z活动 Z activities, 164, 165, 172, 193
枣子 Dates, 194
增渊龙夫 Masubuchi Tatsuo, 12, 53
寨堡 Fortifications, 78
    参见宗族组织 See also Clan organizations
《战国策》Chan-kuo-ts'e, 13
战国时期 Chan-kuo period
    战国时期的农作 farming in, 3—15
    战国时期的人口 population of, 13
    战国时期的变法 and political reforms, 14—15
    战国时期的贸易 trade during,

44, 45
占缗 *Chan-min*, 45 脚注
　　参见赋税 See also Taxes
漳河流域 Chang River valley
　　漳河流域的水利灌溉 irrigation in, 130
张骞（出使）Chang Cinen(envoy), 111, 113
赵 Chao
　　赵郡 commandery, 121, 183
赵充国 Chao Ch'ung-kuo, 88
赵国 Chao Kuo, 182
赵过 Chao Kuo, 145, 147
赵括 Chao Kuo, 53
诏令（或律法、禁令、命令）Laws
　　遏制工商业的法令 against merchants, 40—41
　　土地国有化的诏令 for nationalization of land, 70
　　关于贸易的律法 on trade, 99
　　关于兴修水利的诏令 on irrigation, 132
　　关于移民的诏令 on migration, 144
　　违法 violations of, 181
　　劝农的诏令 on farming, 190
赵周 Chao Chou, 54
郑国渠 Cheng Kuo Canal, 3, 130, 132
郑玄 Cheng Hsüan, 126, 153
郑众（经学家）Cheng Chung(annotator), 110

郑众（宦官）Cheng Chung, 61
芝麻 Sesame, 109, 117, 193
织女 Weaving-girl, 165
治水 Water control, 130—131
　　参见灌溉 See also Irrigation
秩序 Order
　　政治秩序 political, 180
仲长统 Chung-ch'ang T'ung, 71—72, 83
中山郡 Chung-shan commandery, 185
种子 Seed
　　拌种 treatment of, 125—126
　　选种 selection of, 155
重商性农业 Mercantile agrarianism, 193—194
种植 planting
　　掌握农时 timing of, 4—5, 7
　　作物空间布局 spacing of, 8
　　蔬菜种植 of vegetables, 9, 119
　　参见农时 See also Timing, stress on
《周礼》*Chou-li*, 126, 153
周文王 Wen, King of Chou, 12
猪 Pigs, 127
　　猪圈 Pigpens, 127 脚注, 167—168
竹 Bamboo, 194
住宅 Residences, 163, 169
砖 Bricks, 169
　　砖窑 Kilns, 171
庄园经济 Manorial economy, 171—173
卓氏 Cho family, 46
资源 Resources

  控制资源 control of, 48
梓树 Catalpa, 194
訾算 Tzu-suan, 99—100
  参见"赋税"中的"财产税" See also Taxes, property
自给自足 Self-sufficiecy, 171—173
自然灾害 Natural disasters, 105
  参见旱灾；饥荒；洪水 See also Droughts; Famines; Floods
自卫组织 Self-defense organization, 173
  参见宗族组织；寨堡 See also Clan organizations; Fortifications
纵 Tsung, 166—167
宗教活动 Religious activities,
  宗教活动的花费 cost of, 92—93
宗人 *Tsung people*, 177
宗族组织 Clan organization, 77—78, 79—80, 177
作坊 Factories
  官营作坊 government, 170
作物 Crops
  作物轮种 rotation of, 12, 110—114, 116
  主要作物 principal, 118
  作物分布 distribution of, 117, 119
  作物对水分的需要 water demand of, 118
  参见农作，多种作物体系 See also Farming; Planting Multicrop system

译后附言

《汉代农业》英文原著实际是由两部分组成的,除了正文(英文为154页)外,后面还附有正文赖以立论之主要史料的英译文,及作者对这些资料的注释(约有160页)。鉴于这些史料原本就是中文,中文读者如果需要,可以根据正文的注释自行查对,所以中译本就从略了。

许倬云教授在百忙中审阅了译稿,在此谨致谢忱。

译校者
1998年5月